キャリアブレイク

Career Break

手放すことは空白《ブランク》ではない

石山恒貴
片岡亜紀子
北野貴大

千倉書房

はじめに——キャリアブレイクとの出会い

石山恒貴◆ISHIYAMA Nobutaka

リカレント教育専門の大学院で

筆者（石山恒貴）が、キャリアブレイクという言葉に出会ったのは、２０１４年のことでした。会社員として3社で働いてきた筆者でしたが、法政大学大学院政策創造研究科に教員として新たなキャリアを歩み出し、その2年目を過ごしていました。この大学院は、当時としては珍しい形態でした。それは学部が存在しない、独立大学院という形態でした。大学院生は社会人や留学生など、仕事をしながら学生として学ぶ人がほとんど。そのうえで、自分が見出した研究したいテーマで、修士論文を書くというスタイルです。今でいう、社会人の学び直し、リカレント教育を早くから体現していたのです。

教員としてのキャリアに転換した筆者にとって、２０１４年は、初めてのゼミ生が修士論文を提出する大事な年でした。ゼミ生たちは、自分自身が納得のいく修士論文を書くことができるのだろうか。そして筆者は指導教員として、そのことに十分な対応ができるのだろうか。そんなことを思いあぐねていた、ある日のことでした。共著者（片岡亜紀子）が、修士論文のテーマを変えた、と筆者に申し出てきたのです。

修士論文のテーマとしてのキャリアブレイク

片岡は当時、パソコンインストラクターとして主に専門学校生を指導しながら、筆者のゼミで大学院生として学んでいました。パソコンインストラクターという職業は、国や地方自治体等の公的な職業訓練を担当することが多くなります。そのため片岡としては、修士論文では、公的な職業訓練をテーマにして研究したい、と筆者に申告していました。

ところが、その日に片岡が研究したいと筆者に説明した内容こそが、キャリアブレイクだったのです。説明を受けて、筆者はすぐにはキャリアブレイクという言葉の意味を理解することができませんでした。よく聞けば片岡が研究したい内容は、女性の離職期間に経験する気持ちや出来事であるとのこと。その当時、女性の離職期間の表現としては、キャリアブランクという言葉がしばしば使われていました。なぜキャリアブランクという言葉が使われるのか。

その理由は、なんらかの職業経験を積み重ねてきた女性がいったん離職してしまうと、その後の離職期間が社会的に評価されず、再就職において非常に苦労するという実態がありました。あたかも離職期間はキャリアにとって空白期間のようにも見え、そのためキャリアブランク（空白）という言葉がまかり通っていたのです。こうした風潮に対し、片岡は研究を進める中で、女性の離職期間をキャリアブレイクと呼ぶ論文［1］を見つけ、そこからインスピレーションを得て研究テーマを変えようとしていたのでした。

片岡が研究テーマを変えようとした理由はそれだけではありませんでした。彼女自身がキャリアブレイクの経験者だったのです。片岡は新卒の時には大手メーカーに入社し、生産管理業務を担当するという会社員としてのキャリアを歩んでいました。しかし自分自身が想像もしていなかった理由で、やむなくその会社を退職せざるを得なくなったのです。自分として納得したうえで退職したわけではないので、その後しばらく片岡にとっては辛い離職期間が続いたようです。

葛藤の期間を経て片岡は、パソコンインストラクターになりたいという夢を持つようになり、その夢を実現するための学びを離職期間に開始しました。そして夢をかなえた彼女にとって、離職期間はブランクではなく、まさにブレイクそのものだったわけです。

キャリアブレイクという言葉の反響

キャリアブレイクという言葉の意味の詳細を知った筆者は、直観的にこの言葉は日本社会にとってかけがえのない価値を持つ、と感じました。片岡はキャリアブレイクの研究を進め、それを修士論文としてまとめ上げることができました。この研究は、その後、２０１６年に『産業カウンセリング研究』（現在は『キャリア・カウンセリング研究』に名称変更）という学会誌に掲載されることになりました[2]。

片岡がキャリアブレイクの研究を公開ゼミで多くの方々に紹介した時のことです。聴衆のひとりだった松井美佳さんという方が、これはまさに自分の経験そのものだと感じて、その内容をブログとして公開したのです[3]。この松井さんのブログは簡潔でわかりやすい解説であったため、多くの方にキャリアブレイクという言葉を認知してもらうきっかけになったようです。

キャリアブレイクという言葉の受け止めは人によって様々でした。多くの人から、これはまさに自分の体験したことだ、という感想をお聞きしました。当初の研究の主な対象が、女性の離職期間だったことは事実です。しかし、自分の体験だ、という感想を持つ人は女性に限定されませんでした。また離職だけなく、休職を経験した人からも、まさに自分の体験だ、という感想を伝えられました。そう、キャリアブレイクとは性別によって対象者が限定されるものではなかったのです。さらに離職に限定されるものでもなかったのです。

キャリアブレイク研究所との出会い

ただ、キャリアブレイクという言葉の意味の広がりは、筆者と片岡にとっては難しい側面もありました。キャリアブレイクという言葉の定義が難しくなったからです。多くの人に共感してもらえることはよいが、いったいどの範囲で線引きしてキャリアブレイクを定義することができるのか。多様な考え方を含むだけに、このことは簡単に解決できない問題に思えました。

そんな時に、筆者と片岡は神戸にあるキャリアブレイク研究所の存在を知りました。しかも、その研究所は片岡の研究と一致する内容のことを実践しているらしい。好奇心に駆られた筆者は、X（旧ツイッター）のダイレクトメッセージで研究所の代表に連絡を取りました。２０２２年10月のことです。それが筆者ともうひとりの共著者（北野貴大）との出会いだったわけです。聞けば、北野は２０２１年に松井さんのブログを読み、キャリアブレイクという言葉に心惹かれたとのことでした。

機が熟した

筆者と片岡にとって、キャリアブレイクは意義ある言葉でしたが、なかなかうまく定義して意味を説明することができませんでした。そのため書籍などで社会に言葉を発信することには躊躇いを感じていました。しかし北野を中心とするキャリアブレイク研究所の活動への反響を知り、その考えを改める時期が来たと感じています。一言で言えば機が熟した、ということなのでしょう。

今回、著者3名で話し合いを進め、改めてキャリアブレイクとは何であり、そこにどんな価値があるのか、本書で世に問うてみたいと考えています。今回、本書で問うキャリアブレイクの内容は、1つのきっかけだと思っています。おそらく、多くの方々から、様々なご意見を頂戴するのではないかと予測しています。そして、そうした議論を経て、キャリアブレイクという言葉がより実践的なものとへと変化し、社会に広まっていくのではないかとも予測しています。読者のみなさまには、まずは本書をひも解いていただき、キャリアブレイクという言葉をつくり上げていく旅へご一緒いただければ幸いです。

本書の概要と構成

本書の概要と構成は、以下のとおりです。第1章「キャリアブレイクの定義」では、まず本書のキャリアブレイクの定義をします。本書のキャリアとは、ワークキャリアを包含する、仕事に限定されない人生全体を射程とするライフキャリアを前提とします。そのうえで、2016年におけるキャリアブレイクの定義を更新し、本書での新定義を提案します。

第2章「キャリアブレイクの背景」では、キャリアブレイクと、その類似用語（リカレント教育、サバティカル、ギャップイヤー、越境学習、リスキリング、サードプレイスなど）との違いを説明します。次に、なぜ日本ではキャリアブレイクが受け入れられにくいのか、その構造的要因としての日本的雇用の特徴（無限定総合職、標準労働者、マッチョイズム）について述べます。

第3章「キャリアブレイクを支える理論」では、まず著者のひとりである片岡がこのテーマを研究するきっかけとなった背景を紹介します。そのうえで、２０１６年に定義されたキャリアブレイクの概念を中心に、それを支える理論と概念（離職期間、転機、自己効力感）について説明します。

第4章「キャリアブレイク研究所の事例」では、著者のひとりである北野が運営するキャリアブレイク研究所が立ち上げられた経緯と、その活動内容から見えてきたことをご紹介します。まず北野がキャリアブレイクという考え方に出会うまでの経緯を述べ、その後にキャリアブレイク研究所の詳細をご紹介します。

第5章「キャリアブレイクの実態とプロセス」では、キャリアブレイクの実践者である8名の方々の事例を紹介いたします。8名の実践者はいずれも、キャリアブレイク研究所となんらかの関わりを持っています。8名のうち、事例1から5については離職、6から8については休職としてのキャリアブレイクに該当します。この8つの事例を紹介した後に、キャリアブレイクにおいて観察できた共通するプロセスについて提示いたします。

第6章「共通プロセスの解釈とキャリアブレイクの方向性」は、著者3名の対談形式で記させていただきます。まず第5章で提示したキャリアブレイクの共通プロセスを著者3名がどのように解釈したのかということについて話し合っていきます。キャリアブレイクの共通プロセスの解釈を終えた後に、著者3名でキャリアブレイクの今後の方向性についても話し合います。

［1］福沢恵子（2009）「就業を中断した高学歴女性の現状とキャリア開発の課題」『現代女性とキャリア』*1*、92－108頁。

［2］片岡亜紀子・石山恒貴（2016）「キャリアブレイクを経験した女性の変容：パソコンインストラクターを対象とした実証研究」『産業カウンセリング研究』*18*(1)、9－24頁。

［3］エスキャリアホームページ「ブランクを強みに⁉「キャリアブレイク」という考え方」(https://escareer.co.jp/column/6407)（2023年8月27日アクセス）。

キャリアブレイク――手放すことは空白（ブランク）ではない――　目次

第5章 キャリアブレイクの実態とプロセス——石山恒貴 121

第6章　共通プロセスの解釈とキャリアブレイクの方向性――石山恒貴・片岡亜紀子・北野貴大　193

第1章 キャリアブレイクの定義

石山恒貴◆ISHIYAMA Nobutaka

本章では、まずキャリアブレイクを定義します。その前提として、キャリアという言葉そのものを考えていきます。キャリアブレイクの定義とともに、具体的な対象者についても議論します。

1 キャリアという言葉を考える

① 初期段階のキャリアブレイクの定義

「はじめに」、で述べましたとおり、キャリアブレイクの研究の対象は女性の離職者が中心でした。その段階では、筆者らは女性の離職期間のことをキャリアブレイクと定義していました。なぜ女性の離職期間だったのか。それは、女性の離職期間をブランク（空白）と呼んでしまう、日本社会の実態があったからです。この実態をひも解いていくところに、キャリアブレイクを定義するヒントがあります。

② ワークキャリアとライフキャリア

日本社会の実態を考えるにあたって、まずはキャリアという言葉について検討します。言葉そのままで意味を解釈すれば、キャリアブレイクとは、キャリアをブレイクすることです。つまりキャリアという継続的な活動をいったん休止し、方向転換をするための期間ということになります。では、そもそもキャリアとは何を意味する言葉なのでしょうか。

ここで重要な論点は、キャリアという言葉にはワーク（職業）キャリアとライフ（人生）キャリアという2つの意味があるということです。ワークキャリアとは、どのような職業につくか、どのような会社で勤務するか、どのような仕事をしたいのか、昇進をしたいのか、など一連の職業生活に関わることを意味します。

他方、ライフキャリアには人生のライフイベントすべてが含まれます。当たり前のことですが、私たちは職業生活だけで生きているわけではありません。家庭生活、地域生活、市民生活などが私たちの人生の中で大きな比重を占めています。さらに恋愛、出産、育児、病気、介護などのライフイベントは人生に大きな影響を与えます。

ワークキャリア、ライフキャリア、いずれの意味であったとして、もちろん重要な考え方です。しかし、この2つの考え方があるということに気がつかないと、そこには大きな問題が潜んでしまうことになります。本書では、ワークはライフの一部であり、ワークキャリアはライフキャリアに包含されると考えます（図1−1）。

③　ワークキャリアが無意識の前提

日本ではキャリアと言えば、無意識のうちにワークキャリアのことを前提にしてしまっていたのではないでしょうか。そもそも、キャリアという言葉にライフが含まれる可能性があると、思いもしなかったわけです。

図1-1　ライフキャリアとワークキャリア

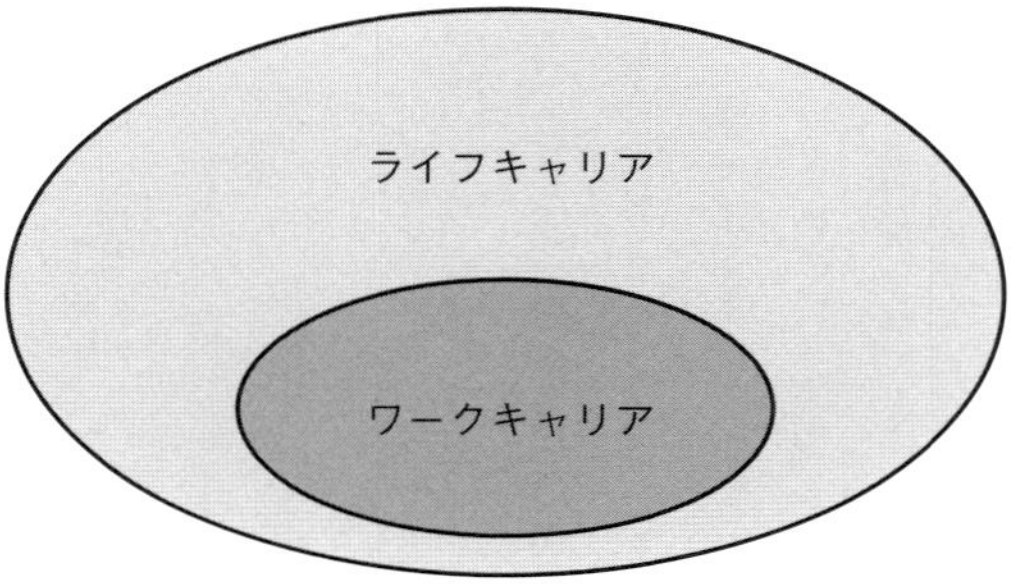

出所）筆者作成

これには無理からぬところがあります。日本社会では、それが当たり前のことになるようなキャリアという言葉の使われ方がされてきたからです（そして、それらの使い方には差別的な意味が含まれてきました）。

たとえば、キャリア／ノンキャリア、という使い方があります。この使い方は、公務員などを対象に使われることが多く、その職業上の地位の区別を意味します。つまり、キャリアとノンキャリアという区分は主として採用時点で決定され、その組織内で昇進できる範囲が違うのです。ひらたく言えば、キャリアの方がノンキャリアに比べて、昇進できる地位の上限が高いということになります。

この使い方が問題なのは、昇進できる余地が少ない区分を「ノンキャリア」、つまりキャリアの対象ではないと表現しているところにあります。言い換えれば、この使い方におけるキャリアとはワークキャリア全体すら意味しておらず、組織内で昇進すること、だけを意味しているのです。
同様に狭い範囲のワークキャリアと関連する言葉に「キャリアウーマン」、「バリキャリ」などがあります。この2つの言葉は女性だけを対象にしています。この使い方においても、キャリアとは組織内での高い地位、もしくは社会的に評価される職業、という意味を示しているようです。つまり、職業上の成功を目指して働く女性のことを「キャリアウーマン」、「バリキャリ」と表現しているのです。

この使い方が差別的なのは、そこに男性化した女性を揶揄する意が込められているからでしょう。もっと踏み込んで言えば、職業上の成功を目指して働くことは男性にとっては当たり前であるが、女性にとっては珍しいことで、だからこそそうした女性は男性化している、という前提がそこにあるわけです。そうした意が、女性活躍が求められる時代にまったくそぐわないことは言うまでもありません。さすがに「キャリアウーマン」、「バリキャリ」という表現を聞くこと自体が珍しくなりました。しかし、そこに込められた暗黙の前提が、今、完全に消滅した、というわけでもないように筆者は感じています。

④　キャリア教育とワークキャリア

キャリアという言葉が差別的な意味に転じやすいのは、その定義をあまりにも狭く絞り込んでいるからではないでしょうか。つまり、キャリアとは職業上の成功である、と定義して使っている場合がこれにあたります。

今まで挙げた例は、すでに実社会で働いている状況でのキャリアという言葉の使い方について述べてきました。ところがキャリア教育においても、同様な問題があるとされます。

児美川孝一郎によれば[1]、学校現場ではいまだにキャリア教育とは職業教育だと、誤解して捉えている場合があるそうです。この誤解の理由は、初期段階のキャリア教育の定義にまでさかのぼることができます。1999年の中央教育審議会の答申では、キャリア教育とは望ましい職業観・勤労観、くわえて職業に関する知識や技能を身につけさせるもの、と定義されていたのです。これはまさに、職業教育そのものです。そして、そこには「望ましい職業観・勤労観」という前提があるようです。

なぜ「望ましい職業観・勤労観」を身につけなければならないのか。児美川は、当時は若者のフリーター志向や早期離職などの若年就労問題が注目されており、その問題を解消するために、若者に「望ましい職業観・勤労観」を身につけてもらおうと政策サイドが考えたためだろう、と推測しています。「望ましい職業観・勤労観」とは何か。フリーターでもなければ、早期離職でもないとすれば、それはおそらく「長期雇用で安定的な正社員」を目指す職業観・勤労観ということではなかったでしょうか。

⑤ キャリア教育の考え方の変化

しかし同時に児美川は、現段階のキャリア教育の定義が初期の内容から変わっていることも指摘しています。実際、2011年の中央教育審議会の答申では、キャリア教育は「一人一人の社会的・職業的自立に向け、必要となる基盤の能力や態度」(19頁)を育成するものであり、職業教育の定義である「一定又は特定の職業に従事するために必要な知識、技能、能力や態度」(19頁)とは区分されています。くわえて過去の答申内容などが「勤労観・職業観の育成のみに焦点が絞られて」(18頁)いたため、それが社会的・職業的自立の軽視につながったとさえ、述べられています[2]。児美川によれば、社会的自立とはライフキャリアを意味します。つまり、現段階ではキャリア教育はワークキャリア(職業的自立)に限定されたものではなく、社会を生き抜くこと（社会的自立：ライフキャリア）を視野に入れたものに拡大しているのです。

⑥　ライフキャリアを考える価値

では、なぜライフキャリアを考えることには価値があるのでしょう。もしワークキャリアに焦点を当てたいとしても、純粋にそれだけを切り離して考えることはできるでしょうか。ちょっと考えると、それは難しいことがわかります。仕事に対して、結婚・育児・病気・介護・住居を構えるなど、様々なライフイベントが影響を与えることは自明でしょう。

コロナ禍になってから、このことを誰もが強く実感するようになったのではないでしょうか。予想もしなかったパンデミックで、私たちのワークキャリアには大きな影響が生じました。さらに在宅勤務、リモートワークを行った方も多いのではないでしょうか。その結果、私たちの仕事と私生活の境目は曖昧になったかもしれません。そうした経験によって、自分にとってのワークとライフの関係性を改めて振り返った人も多いのではないでしょうか。

このようにワークとライフを切り離して考えることは、むしろ不自然です。そのことは、多くのキャリア理論が指摘してきました。たとえば、ドナルド・E・スーパーはライフスパン／ライフスペースという理論[3]で、人生の空間（ライフスペース）の中で、人は多様な役割を担いながら、時間が経過していく（ライフスパン）と唱えました。具体的な役割はキャリアレインボーと呼ばれる有名な考え方で示されます。たとえば、子ども、親、配偶者、学生、職業人、市民、余暇を過ごす人などです。また、L・サニー・ハンセン[4]は「統合的ライフ・プランニング」によって人生が意義あるものとなると示しています。それは、学習、余暇、愛を人生の全体像として織り込むことを意味します。さらにチャールズ・ハンディは、人生の役割（ここではワークと呼ばれています）を4つに整理しています。その4つとは「有給ワーク」、「家庭ワーク」、「ギフトワーク（社会に貢献する役割）」、「学習ワーク」です[5]。

スーパー、ハンセン、ハンディの3人は、いずれも役割を組み合わせることを推奨しています。特にハンディは役割を柔軟に組み合わせる人を「ポートフォリオ・ワーカー（役割を組み合わせる人）」と名づけ、これを推奨しています。充実した人生とは仕事のみで得られるものではなく、家庭、社会活動、学習活動においても人生の意義を高めることができるからなのでしょう。

ちなみにポートフォリオ・ワーカーという考え方は、資源保存理論と関係があります。資源保存理論とは、人は資源の獲得、喪失防止、喪失した資源の回復、を重視し、それができない場合はストレスを感じるということを示した理論です[6]。従来のワークキャリアを重視した考え方では、人は仕事の中だけで資源を確保することを考えてきました。今後は、ライフキャリアにおける複数の役割の組み合わせ（ポートフォリオ）に対して、どう資源を配分していくかということが大事になっていきます。

2 キャリアブレイクの定義と対象者

① ライフキャリアから考えるキャリアブレイク

前節では、ライフキャリアの価値を考えました。社会を生き抜く、人生を充実させるという観点からは、キャリアとはライフキャリアと定義する方がよさそうです。そこで本書でいうキャリアとは、以降はライフキャリアを示すことにします。

「はじめに」で述べたとおり、本書がもっとも主張したいことは、キャリアに空白（ブランク）は存在しないということです。キャリアをワークキャリアとして考えた時には、たしかに見かけ上、離職や休職は、その中断や空白のように見えます。しかしキャリアをライフキャリアとして考えれば、仕事という役割はキャリアの一部にすぎないのですから、キャリアが中断することも空白になることもあり得ないわけです。

とはいえ、本書ではキャリアブランクという言葉を、キャリアブレイクに言い換えようとしています。ライフキャリアが中断にも空白にも当てはまらないなら、どういう状態がブレイクなのでしょう。そう考えると、少しややこしいと思う読者もいることでしょう。そこで、いよいよキャリアブレイクの定義をしていきましょう。

② 2016年のキャリアブレイクの定義

「はじめに」で述べたように、筆者らは2016年にキャリアブレイクに関する論文を学会誌に掲載しています[7]。その際にはキャリアブレイクを

「育児、介護、体調不良、転職準備などあらゆる理由で、職業もしくは所属する会社から離職している期間であり、休職は含まれない。ただし、離職期間の経験が自己効力感を高めるものであり、その後のキャリアに役に立ったと本人が主観的に認知している場合に限る」（11頁）

と定義しました。

読者もお気づきのことと思います。この定義（以下、２０１６定義）におけるキャリアとは、ワークキャリアを意味しています。なぜ、ワークキャリアを定義に用いたのか。それは、この論文が女性の離職における課題に焦点を当てていたからです。

詳しくは後述しますが、日本はとにかくワークキャリアを継続することを重視する社会です。そのため、女性の離職には様々な課題があります。

第１の課題は「親ペナルティ」です[8]。親ペナルティとは、親になってしまったために罰を受けるということです。つまりは、出産・育児によって不利を被ってしまうことを意味します。この問題は、第２章の日本社会の特徴で詳しく検討します。女性の離職においては、いったん出産・育児によって離職してしまうと、離職前と同じ条件でなかなか就職できないことが親ペナルティの典型例です。

第２の課題は、むしろ出産・育児以外の離職です。女性の離職とは、出産・育児に限りません。たとえば職場に関する問題などで離職する女性は数多く存在します。ところが女性の離職については出産・育児だけが注目され、それ以外を理由とする離職については論じられることが少なかったのです。筆者らは、出産・育児以外の離職の実態をもっと明らかにすべきだと考えました。

第３の課題は、女性の離職者の自己効力感です。自己効力感とは、自分が何か行動して、それを成し遂げられると思えることを意味しています。何かの行動に関する自信と言い換えることもできるでしょう。採用時に企業は離職期間が長いことを評価しないことが知られており、そのため女性の離職者は再び就業することへの自信を低下させてしまう、という課題が指摘されてきました。

こうした女性の離職に焦点を当て今後の方向性を考えるために、２０１６定義では**「離職期間の経験が自己**

効力感を高めるものであり、その後のキャリアに役に立ったと本人が主観的に認知している場合に限る」とキャリアブレイクをあえて限定しました。それは筆者らが「女性の離職は課題ばかりではない、むしろそこには有益な経験が存在する」ということを示したかったからなのです。

③　２０１６定義に対する反響

「はじめに」で述べたように、２０１６定義の発表後、様々な反響がありました。いただいた多くの声は「自分にも同じような経験があり、キャリアブレイクという言葉に共感する」という肯定的なものでした。

また筆者らにとって意外だったのは、共感してくださる人々の経験が幅広いことでした。２０１６定義は特に女性の離職を念頭に置いたものでしたが、今後の研究では男性の離職も検討しなければならないと当初から考えていました。実際、２０１６定義の論文では、今後の課題として男性の研究について言及しています。そのため、男性から「自分もキャリアブレイクを経験した」と反響があることは予想していました。

ところが「自分もキャリアブレイクを経験した」という反響はそれだけではありませんでした。性差に関係なく、多くの育児休職経験者から「自分も同じような経験をしたので共感する」という声をいただいたのです。

この段階で筆者らは、次の研究では離職だけでなく休職もキャリアブレイクに含めて考えるべきではないかと考えました。さらにその後、離職と休職だけではなく、もっと普遍的に生じる現象なのではないか、と考えるようにもなっていきました。

④　本書のキャリアブレイクの定義

ライフキャリアという考え方に価値があること、くわえて２０１６定義への反響を考慮して、本書ではキャリアブレイクを次のように定義します（以下、新定義）。

「今まで中心的に活動してきたキャリアの役割を手放すことによって、新しいキャリアの役割に向けて自分と社会を見つめなおしている期間」

この定義におけるキャリアという用語は、ライフキャリアを意味しています。ライフキャリアの役割ということになるので、その範囲は仕事だけではありません。人生の様々な役割がすべて含まれます。たとえば熱心にボランティア活動を行っていた人が、いったんそれに区切りをつけたという場合でも該当することになります。もちろん、性差に関わりなくあらゆる人が対象になります。さらに、離職のみならず休職も含まれることになります。

また、２０１６定義では「離職期間の経験が自己効力感を高める」ことを強調していました。これはキャリアブレイクがブランク（空白）ではないことを主張したかったためです。キャリアブレイクとは有益なものだと言いたかったので、あえて自己効力感の向上を定義そのものに含めるという判断をしました。

しかし考えてみれば、キャリアブレイクが有益だということは、結果的に本人が認識することです。新定義では、なぜ有益になるのか、という原因に焦点を当てることにしました。それが「自分を見つめなおしている」という部分に該当します。なぜ「自分を見つめなおす」ことによってキャリアブレイクを有益だと本人が感じるのでしょうか。その理由を示すために新定義は、前半を必要条件、後半を十分条件に区分して設定しました。必要条件・十分条件に分けて、新定義の詳しい意味を解説していきます。

⑤　新定義における必要条件

「今まで中心的に活動してきたキャリアの役割を手放すことによって」という部分がキャリアブレイクの前提（必要条件）にあたります。「今まで中心的に活動してきたキャリアの役割」とは、人生の中で自分が一番力を注いでいたと感じている役割です。多くの場合、離職や休職によって、今まで従事していた仕事を行わなくなることがあてはまるでしょう。

「手放す」ということに関しては、離職や休職などを自分の意思で決断したのか・そうではなかったのか、予測できていたのか・いなかったのか、それらすべての場合を含むことを意味しています。手放すことを予測できておらず、かつ本人の意思によるものでなかった場合には、それは衝撃的なものになるでしょう。たとえば、会社都合での離職を突然に強いられてしまった場合。あるいは配偶者の転勤に帯同しなければならず、離職してしまった場合など。

しかし本人にとっての手放すことが衝撃的でつらいことだという受け止めが生じるのは、予測できず、かつ強制されてしまった場合だけとは限りません。たとえば、職場での人間関係が徐々にうまくいかなくなり、自分で離職を決断した場合。この場合、手放すことについて予測はできていますし、自分で決断しています。ところが本人にとって手放すことはつらいことであり、深刻であるかもしれません。なぜ自分はこの職場に適応できなかったのか、自分はうまく仕事を進めることができないのか、などという悩みが続いてしまうかもしれません。

あるいは育児休職の場合は、休職すること自体は予測もできていますし、休職することを前向きに捉えているかもしれません。しかし予測できていて前向きに捉えていても、キャリアブレイクの間に起こる変化を本人が予測できているとは限りません。このような観点から、「手放すこと」ということには関しては、様々な状況があてはまるように幅広く捉えることが実態にあっています。

なお、「手放すこと」と表現し、「終わった」と表現しなかった理由は、キャリアブレイクの前後の変化の程度も幅広いものだと考えたからです。離職では、キャリアブレイク前後でのキャリアの役割の内容に大きな変化がある場合が想定できます。たとえばキャリアブレイクの前は会社員だが、後ではフリーランスになる、などの場合です。しかし育児休職の場合、休職前後で同じ業務を担当するかもしれません。ところが離職でも育児休職でも、キャリアブレイクによって、本人が同じように気づきを得ることもあるでしょう。このようにキャリアブレイク前後の変化の程度も幅広く捉えるために、「手放すこと」という表現を使いました。

⑥ 新定義における十分条件

新定義における十分条件は、「新しいキャリアの役割に向けて自分を見つめなおしている」と設定しました。十分条件としている意味は、必要条件が満たされた（手放すこと）としても、「自分を見つめなおす」ということが生じなければ、本人がその期間をキャリアブレイクであると感じ取れないと考えるためです。

鍵となるのは「手放す」、「やめる」という感覚でしょう。日本に限らず、欧米でも現代人は「続ける」ということに価値を見出し、「やめる」ことを否定的に見なす傾向があるとされます。これは「続ける」こと、すなわち忍耐が美徳だと思われているから。しかし、「あきらめること」、「やめること」ができた人こそ、人生を前向きに捉えることができるという指摘があります[9]。特に日本では、ワークキャリアを継続することに価値を置く傾向がありますが、この点は第2章で詳しく述べます。

キャリア理論の中では、ウィリアム・ブリッジズによる転機の理論が「手放す」、「やめる」ことの重要性を指摘しています[10]。ブリッジズによれば、転機とは何かが終わり、何かが始まることであり、人生における変化そのものです。転機には「何かが終わる時期」、「混乱や苦悩の時期（中立圏：ニュートラルゾーン）」、「新しい始まりの時期」という3つの段階があるとされます。特に重要なのはニュートラルゾーンです。ニュートラルゾーンとは喪失・空白の時期であり、休養の時期でもあります。何かを喪失したので深刻な空虚感を味わうのですが、しっかり喪失と向き合うことは通過儀礼として必要であり、だからこそ人生の内的な再方向づけがなされる時期とされています。ブリッジズの転機の理論については、第3章で詳しく述べます。

ここまで述べたように、何かを「手放すこと」、「やめること」、それは無駄なプロセスではないわけです。そして「手放すこと」、「やめること」によって「自分を見つめなおす」状態に至ることになっていきます。では「自分を見つめなおす」と何が生じるでしょうか。

そこで参考になる理論が、選択最適化補償理論（selection optimization with compensation theory：ＳＯＣ理論）[11]です。ＳＯＣ理論は心理学者のポール・バルテスが提唱したシニアに関する理論です。従来の生涯発達心理学では、シニアとは衰えていく（喪失していく）存在と見なされていました。しかし、バルテスは、シニアを一方的に喪失していく存在とは考えませんでした。なぜなら喪失と獲得は、コインの裏表の関係にあるからです。

新しいことを獲得するためには、何かを手放さなければならない。喪失と獲得は切っても切り離せないものであり、むしろ人が発達していくためには「手放すこと」、つまり喪失は必要なものだ、とＳＯＣ理論は考えるのです。このように考えると、シニアとは、喪失（衰え）する存在ではなく、何か新しいことを獲得するために発達する存在ということになります。若い時とは違った発達を大事にする存在という意味にもなります。

ＳＯＣ理論は、基本的にはシニアのための理論です。しかしキャリアブレイクにとっても示唆深い理論と言えるでしょう。キャリアブレイクにおいて何かを「手放す」のであれば、それは喪失することであり、新しい何かを獲得することになります。つまり、キャリアブレイクにおいて人が何かを「手放し」、それによって「自分を見つめなおす」ことは、何か新しいことを獲得すること、発達することを意味するのです。

つまりここで言いたいことは、「自分を見つめなおす」ことは、喪失によって新しい何かを獲得することであり、人が発達していくために欠かせないものであるということなのです。こうした観点から、新定義では「新しいキャリアの役割の開始に向けて自分を見つめなおしている」ことを十分条件として設定しました。仮に「区切りがついた」としても、「自分を見つめなおす」という十分条件を満たさなければ、それはキャリアブレイクには該当しないことになります。

⑦　新定義を幅広く設定した理由

必要条件と十分条件があるとはいえ、新定義は幅広く設定しました。それは、何かの役割を果たしていたにもかかわらず、それを手放し、自分を見つめなおすことができれば、人に普遍的に生じる現象がキャリアブレイクだと考えたからです。

２０１６定義の段階では、そもそもキャリアブレイクという概念自体が知られていませんでした。そのためこの段階ではまず厳密に定義を設定し、その存在を示す必要がありました。

しかしその後、キャリアブレイクという概念は徐々に認知されるようになってきました。いよいよ、多くの方にとってなじみ深いものになっていく段階です。こうした段階で定義を厳密にしてしまうと、これはキャリアブレイクだが、これはキャリアブレイクではない、などの議論が生じてしまいます。これはキャリアブレイクという概念の発展に関して、望ましくない状況です。

キャリアブレイクが普遍的な現象であれば、その解釈は多くの人々に委ねたい。筆者らはそう考え、新定義を幅広く設定することにしたのです。

⑧ 新定義の対象者

新定義は幅広く設定しましたが、実際のキャリアブレイクの対象者は、主に離職者・休職者ということになるでしょう。ただし新定義のとおり、離職・休職により「手放す」としても、「自分を見つめなおす」ことがなければキャリアブレイクにはなりません。

そのため離職者・休職者であっても、自分の役割が継続していると考え「自分を見つめなおす」ことをしなかったのであれば、それはキャリアブレイクには該当しないでしょう。逆に、たとえば定年退職した人が、それをきっかけに「自分を見つめなおす」ことを行い、その後ボランティアや地域活動など新しい役割を開始したら、それはキャリアブレイクであると言えるでしょう。

また学校を卒業後に、次に何をしようかと自分を見つめなおしている場合も、キャリアブレイクにあたるでしょう。学生という役割を手放し、自分を見つめなおしているからです。第2章でも述べますが、新卒一括採用という仕組みのもとで、学校から企業へと間断なく移行する人が多いことは日本の特徴です。日本以外の国では、学校を卒業後に即座に就職しないことは、それほど変わったことではありません。

「自分を見つめなおす」ことを行ったのかどうか。これはあくまで、本人の主観的な問題なので、キャリアブレイクの対象者を正確な数字で測定することはできないでしょう。ただし、共著者（北野）が代表をつとめる一般社団法人キャリアブレイク研究所（キャリアブレイク研究所）の第1期アニュアルレポート[12]では、キャリアブレイクの対象者数を１４７万人と推計しています。これは、離職者３１９万人のうち、1カ月以上の離職期間がある者をキャリアブレイクであると推計した数字です。

この数字を考えただけでも、キャリアブレイクとは稀な現象ではなく、多くの人にとって身近なものであることがわかります。ワークキャリアとライフキャリアの多様化が一層進むと考えるならば、今後、キャリアブレイクの対象者はさらに増加していくことになるでしょう。

［1］児美川孝一郎（２０２３）『キャリア教育がわかる：実践をデザインするための〈基礎・基本〉』誠信書房。
［2］中央教育審議会（２０１１）「今後の学校におけるキャリア教育・職業教育の在り方について（答申）」。
［3］Super, D. E.（1980）. A life-span, life-space approach to career development. *Journal of vocational behavior, 16*（3）, 282-298.
［4］Hansen, L. S.（1996）. *Integrative life planning: Critical tasks for career development and changing life patterns.* Jossey-Bass.
［5］Handy, C. B.（1995）. *The Age of Paradox.* Harvard Business Press.（小林薫訳『パラドックスの時代』ジャパンタイムズ、１９９５年）
［6］Hobfoll, S. E.（1989）. Conservation of resources: new attempt at conceptualizing stress. *American Psychologist, 44*, 513-524.
［7］前掲論文　片岡・石山（２０１６）。
［8］Sato, K.（2022）. Who is happier in Japan, a housewife or working wife?. *Journal of Happiness Studies, 23*（2）, 509-533.
［9］Keller, J.（2023）. *Quitting: Life Strategy.* Balance.（児島修訳『QUITTINGやめる力：最良の人生戦略』日本経済新聞出版、２０２３年）
［10］Bridges, W.（1980）. *Transition*, Addison-Wesley.（倉光修・小林哲郎訳『トランジション：人生の転機』創元社、１９９４年）

［11］Baltes, P. B. & Baltes, M. M.（1990）. Psychological perspectives on successful aging: the model of selective optimization with compensation. Baltes, P. B. and Baltes, M. M.（Eds.）, Successful Aging: Perspectives From the Behavioral Sciences, *Cambridge University Press*, 1-34.
［12］一般社団法人キャリアブレイク研究所（２０２３）『第１期　アニュアルレポート』(https://note.com/careerbreak_lab/n/n166bb778edf)（２０２３年11月30日アクセス）。

第2章

キャリアブレイクの背景

石山恒貴◆ISHIYAMA Nobutaka

本章では、キャリアブレイクの背景について述べます。まずキャリアブレイクの類似用語との違いを説明します。次になぜ今、日本社会でキャリアブレイクが求められるのかを論じていきたいと思います。

1　類似用語との違い

キャリアブレイクの類似用語には次のようなものがあります。リカレント教育、サバティカル、ギャップイヤー、越境学習、リスキリング、サードプレイスなどです。本節では、それぞれとキャリアブレイクの共通点、相違点について検討していきます。

① リカレント教育

◆リカレント教育とは

リカレント教育はＯＥＣＤ（経済協力開発機構）のＣＥＲＩ（教育研究革新センター）が、１９７３年に提唱しました。そもそもリカレント（recurrent）という言葉の意味は、循環、または回帰というものです。この意味を踏まえ「リカレント教育（recurrent education）」とは、人生全般を通じて教育が循環、回帰的に行われることを示すようになりました。その意味では、教育とは若い年代で終わってしまうことではありません。人生先般にわたって高等教育と労働を柔軟に組み合わせていくことになります。

リカレント教育の類似用語として生涯学習があります。厳密に言えば、リカレント教育と生涯学習の定義は本来異なるものです。狭義のリカレント教育の対象はフォーマルな学校教育、たとえば大学・大学院などの高等教育機関になるからです。他方、生涯学習の対象はインフォーマルな教育を含み、幅広いものになります。ただし現在、リカレント教育という言葉は広い意味で使われることが多く、生涯教育と厳密に区分されることは少ないようです。そこで本書では生涯教育を含んだ幅広い意味で、リカレント教育という言葉を使っていきます。

このようにリカレント教育を幅広く捉えると、その種類は２つに区分できます。学校教育であるフォーマル教育とそれ以外の教育であるノン・フォーマル教育です〔1〕。具体的にはフォーマル教育には大学、大学院、短期大学、高等専門学校、専門学校の学位プログラム、履修証明プログラム〔2〕などがあてはまります。ノン・フォーマル教育には民間講座、市民大学、プロボノ〔3〕などの学びがあてはまります。

◆キャリアブレイクとの共通点

キャリアブレイクとリカレント教育の共通点としては、まずその特徴を挙げることができます。リカレント教育とはフロントエンドモデルではなく、リカレントモデル（狭義のリカレント教育）とライフロングモデル（狭義の生涯学習）に該当するという指摘があります［4］。まず人生100年時代を学校教育期、労働期、引退期の3つに区分するとします。フロントエンドモデルとは、学校教育期だけで教育機会が終わってしまうモデルです。リカレントモデルとは、学校教育期の教育機会にくわえて、労働期でも労働とフォーマル教育の機会が繰り返し発生するモデルです。ライフロングモデルとは学校教育期から引退期までの人生全般でノン・フォーマル教育による教育機会が繰り返し発生するモデルです。

リカレントモデルとライフロングモデルの意義は、北欧が主導した1973年のCERIの考え方に合致しています。北欧で提唱されたリカレント教育の意義は、学校教育期だけに限らない多様な人々における学習の機会均等にあります。その意義は、生涯にわたってあらゆる人々が学習する権利を有するということ、つまり学習権の強調にあります。筆者は学習とは正解のない課題を自発的に設定し、それを探究する中で多様な人々と交流することだと考えています。そうであれば学習とは、とても楽しいものでしょう。楽しいものだから、生涯にわたってそれを行う権利が重要なのです。

キャリアブレイクの特徴も、それが生涯で繰り返し発生するという点で共通しています。フロントエンドモデルのように学校教育期だけで教育機会が終わってしまう考え方では、その後の人生では労働だけを継続することが重視されます。そうなると、労働を行わない期間は空白であると見なす考え方になってしまいます。しかしリカレントモデルとライフロングモデルのように人生全般で教育機会（学び）が繰り返し発生するという考え方であれば、キャリアブレイクと親和性があります。キャリアブレイクも「自分を見つめなおす」ことで学びが生じます。つまりは人生全般で繰り返し学んでいくことになるわけです。

また現象面でも、キャリアブレイクとリカレント教育には類似性があります。キャリアブレイクで離職・休職期間にある時、大学等の高等教育機関のリカレント課程を受講し再就職を目指すことは、しばしば見受けられる現象です。特に日本女子大学のリカレント教育課程は２００７年という早い段階から設置されていることで有名です[5]。またキャリアブレイク中には、多くの人が民間講座、市民大学、プロボノなどのノン・フォーマル教育を受講しています。

◆キャリアブレイクとの相違点

生涯教育を含んだ幅広い意味でリカレント教育を考える時、現象面ではキャリアブレイクとの違いが大きくなります。つまり現状のキャリアは継続したまま、フォーマル教育にせよ、ノン・フォーマル教育にせよ、受講することが可能になるからです。その場合は、「何かの役割を手放し」というキャリアブレイクの定義には当てはまらなくなるでしょう。言い換えると、リカレント教育は現状の役割に「足し算」としての学びをくわえることも可能な概念なのです。リカレント教育そのものには、何かの役割を手放すことを促す要素があるわけではありません。

もちろんキャリアブレイクの実践者が、「自分を見つめなおす」ために、新たな知識やスキルを習得したいと考え、リカレント教育を受講することはあり得ます。つまりキャリアブレイクの「自分を見つめなおす」という特徴において、その見つめなおしに資する方法・手段の1つがリカレント教育であると位置づけることができるでしょう。

② サバティカル休暇

◆サバティカル休暇とは

サバティカル休暇とは、特に欧州ではキャリアブレイクと同義で使用されることがあり、本書にとっては重要な概念になります。サバティカル（sabbatical）という語源は、ラテン語の"sabbatun"、もしくはギリシャ語、ヘブライ語の同様の言葉に由来しているとされます。この考え方は「安息日／年」に基づいており、農耕などでは7日目に休息したり、7年毎に休耕地を作ったりしなければならないとされてきました。7年毎の休息という考え方を1880年にハーバード大学が応用し、世界で初めてサバティカル休暇を創設したのです。それは大学教員が7年毎に1年間の休暇を取得できるという制度でした[6]。

このように、サバティカル休暇は大学教育を対象に誕生した経緯があり、日本では今でも高等教育の教員を対象に使われる言葉であることが多いようです。しかし特に欧州では、高等教育のみならず民間企業でも一定期間在籍した人に権利として与えられる長期休暇制度として普及していきました。

欧州で特に注目すべきは、ベルギーの「キャリアブレイク制度」です。この制度は1985年に施行され、主に公的セクターを対象として従業員が長期休暇を取得することを国レベルで推進したものです。この制度は2002年1月からはタイムクレジット制度と名称変更され、民間セクターも含めて法制化されました。3カ月間から1年間の完全休業、あるいは労働時間の短縮などが労働者の権利として認められています。この休業期間は公的機関から手当が支給され、また解雇されることもなく、一定期間は社会保険の対象となっています[7]。

なんと、1980年代にすでにキャリアブレイクという言葉が使われていたわけで、それは国レベルのサバティカル休暇のことだったのです。考えてみると、サバティカル休暇をキャリアブレイクと表現するのは、故なきことではありません。サバティカルの語源は安息日／年にありました。聖書に慣れ親しんだ欧米の人々からすれば、7日に1日、7年に1年、休息（ブレイク）するのは当然の考え方でしょう。また休耕地もサバティカルの語源に関係ありました。同じ畑で作物を育て続けていくと、やがてその土地は疲弊していきます。だからこそ、7年に1年はしっかりと土地を休ませることが必要なわけです。1年間しっかり土地を休ませるからこそ、翌年から農作物の豊穣な収穫を期待することができるのです。節目の期間では、しっかり休むことが大事。この考え方が聖書に基づきあるからこそ、キャリアブレイクという言葉が誕生したのかもしれません。

また国レベルでサバティカル休暇を制度化することは欧州、特に北欧では一般的です。スウェーデンでは一定期間の勤続がある労働者は、学習のための長期休暇を取得できます。フィンランドでは1996年にジョブローテーション制度という長期休暇の制度が導入されましたが、この導入についてはベルギーのキャリアブレイク制度を参考にしたそうです。北欧以外でもフランスには一定期間の勤続がある労働者に無給の国レベルのサバティカル休暇の制度があります。英国では国レベルでサバティカル休暇は制度化されておらず民間に運用は委ねられていますが、ブリティッシュ・テレコムにはサバティカル休暇に相当する制度が存在しています[8]。サバティカル休暇についてもリカレント教育と同様に、特に北欧での取り組みが進んでいるようです。

◆キャリアブレイクとの共通点

キャリアブレイクとサバティカル休暇の共通点は、端的に言えば、しっかり休むことの重要性が明確に示されていること。第5章のキャリアブレイク実践者の事例においても、しっかり休んで立ち止まることが、自分を見つめなおすために有益だったと繰り返し語られています。

ここまで述べてきたとおり、サバティカル休暇は聖書の安息日や休耕地の考え方に由来しています。サバティカル休暇が受け入れられる前提には、休むからこそ、人は心身の状態を回復することができ、土地はより豊穣な存在になる、という共通理解があると考えられます。

しかし日本において、しっかり休むことの意義は共通理解になっているでしょうか。2023年12月には日本経済新聞で「休み下手ニッポン」という連載がありました。その連載では、日本の有給休暇取得率は、G7の中で下から2番目であり、6割程度にとどまるということでした[9]。また近年の日本企業ではアトラエやANAホールディングスなどがサバティカル休暇制度を導入したものの、他は様子見の企業が多く、定着しているとは言えない状況であるそうです[10]。

日本ではむしろ、休まないことの意義が強調されるという側面はないでしょうか。たとえば休耕地というメタファー（喩え）は日本では通用しにくいかもしれません。なにしろ、多量の水が張られることで土地に養分が行きわたる水田稲作に休耕は必要ないそうです。他方、畑作物は基本的に連作障害があり、そのため欧州では数年に1度は土地を休ませる工夫がされてきたそうです[11]。世界でも稀な単一の作物を何百年も連続して栽培できる水田稲作が日本文化の基盤にあるとすれば、とにかく続けることが重視されても不思議ではありません。

また皆勤賞はどうでしょうか。日本の学校では広く皆勤賞の仕組みがあり、休まずに登園・登校することを推奨しているようです。さすがに近年では皆勤賞の実施には是非があり、体調が悪い子どもが無理をして登園・登校することにつながってしまう、という批判があります[12]。米国の学校でも一部には皆勤賞があるようで、世界で日本だけの仕組みというわけではないようです。しかし皆勤賞がとにかく良いこと、と考えてしまうと「休まないこと」が美徳とされてしまいます。

あるいは読者のみなさんは、学生時代に部活動をしている際に、「1日休めば取り戻すのに3日かかる」という言説を聞いて、休まずに練習に取り組んだことはないでしょうか。筆者も学生時代によくこの言葉を聞きましたが、当時は友人も筆者もこの言説を信じ込んでいたように思います。ところが最近ではこの言説の科学的根拠に疑問が出ています[13]。このような言説が学校教育の部活動の指導者にも広がってしまうのは、やはり日本に「休まないこと」を美徳と考えやすい文化的土壌があることを疑わざるを得ません。そう考えてみると、キャリアブレイクとサバティカル休暇の共通点の意義は「しっかり休むこと」の重要性を示しているところにあり、それは「休まないこと」を美徳とする日本文化へのアンチテーゼではないでしょうか。

◆キャリアブレイクとの相違点

キャリアブレイクとサバティカル休暇の相違点は、サバティカル休暇が何かの役割を手放すという観点には焦点を当てていないことにあります。日本でも大学教員がサバティカル休暇を取得することは一般的です。その場合、大学教員という役割を手放そうと考えることはほとんどないと思われます。大学教員は日常的には学務、教育、研究という業務をバランスよくこなされければなりませんが、サバティカル休暇中は研究に集中することができます。つまり大学教員にとっては、その役割の中核である研究者としての側面に集中できる期間なのです。そう考えると、役割を手放すというよりも、現状の役割を全うするための期間とさえ言えそうです。

大学教員のみならず、制度化されているサバティカル休暇の特徴は、属している組織に一定期間在籍したことへの褒賞としての意味があります。そうなると、現状の役割を肯定し、その枠組みを変えない前提で休みを取ろうという意識である場合が多いのではないでしょうか。手放す（引き算）という意味を含むキャリアブレイクと、現状の役割を継続するうえでの休息であるサバティカル休暇はこの点で相違します。

また、共著者（北野）はキャリアブレイク研究所の考え方として、キャリアブレイクが制度ではなく文化であることを強調しています。制度化されているサバティカル休暇に対し、キャリアブレイクとは個人が自分と向き合い、何かの役割を手放したいと願った時にその個人が選択するもの。組織への在籍条件などの制約に関係なく、個人が自由意思で選択するキャリアブレイクは、やはりサバティカル休暇とは相違することになります。

③　ギャップイヤー

◆ギャップイヤーとは

日本でギャップイヤーが広く知られるようになったのは、２０１１年の東京大学の秋季入学検討がきっかけではないでしょうか。秋季入学となれば、高校を卒業する３月から秋に入学するまでの半年間を自由に過ごすことができ、様々な体験ができることになります。この検討はメディアや経済界にも反響を広げ、２０１１年は「ギャップイヤー元年」とも呼ばれることになりました[14]。

秋季入学から連想されるギャップイヤーは、入試制度により一律に設定される性質のものでしょう。しかしギャップイヤーの本場である英国では、その定義は「親元・教員から離れた非日常下でのインターン・ボランティア・課外の国内外留学（3〜24カ月）」であるそうです[15]。ここにおける大きな相違点は、ギャップイヤーを教育機関や入試の制度に関わる一律なものと捉えるか、個人が自発的に行うものと捉えるか、ということです。英国においては、個人が自発的に行うもの、と捉えていることになります。

ギャップイヤーの起源は１９６０年代の英国の若者の国際文化交流にあるそうです。日本では高校卒業から大学入学までの1年間が対象とされることが多いようですが、英国では16歳から25歳までの幅広い年齢層がギャップイヤーに参加しているそうです[16]。ギャップイヤーは「旅」を連想させることが多く[17]、また海外が対象になることが多いものの、その活動は実際にはアルバイト、インターンシップ、旅、留学、ワーキングホリデーなど多岐にわたります[18]。

◆キャリアブレイクとの共通点

ギャップイヤーを制度化されたものでなく、個人が自発的に行うものと捉えるなら、キャリアブレイクとの共通点は多くなるでしょう。実際に、『ギャップイヤー白書２０１３』では、ギャップイヤーを、「空白」ではなく「機会」の創出であると捉えています[19]。これはまさに、キャリアブレイクは空白ではない、という本書の基本姿勢と合致しています。

ギャップイヤー実践者へのインタビュー調査によれば、その経験により得られたものは、成長、想定外の出来事への対処能力、自己肯定感などでした。これらの得られたものはキャリアブレイクと共通点があります。本書の第5章の事例5では、カナダでの留学経験が述べられています。そこで示されたキャリアブレイクの経験は、ギャップイヤーと類似性が高いものでしょう。

◆キャリアブレイクとの相違点

ギャップイヤーとキャリアブレイクの相違点は、現象面から見れば、対象層の違いがあります。日本よりも広い範囲の対象層と思われる英国でも、その範囲は16歳から25歳までです。そして、基本的には学生が対象となります。しかしキャリアブレイクの対象に関しては年齢は問いませんし、学生に限らず様々な状態にある個人が対象になります。

またギャップイヤーもサバティカル休暇と同様に、何かの役割を手放すという観点には焦点を当てていないと考えられます。学生時代に経験するギャップイヤーでは、むしろ多様な経験を重ねていくという「足し算」の部分に焦点が当たっていると思われます。何かを「手放すこと」、「やめること」を無駄なプロセスとは考えず、そうした「引き算」を積極的に評価するキャリアブレイクは、この点でギャップイヤーと本質的に相違する部分があると考えられます。

④　越境学習

◆越境学習とは

筆者は越境学習を、**自分がホームと思う場とアウェイと思う場を行き来し、それによって生じる刺激が学びにつながること**、と定義しています。ホームではよく知った人たちがいて、社内用語などが通じ、安心できますが刺激は少ないでしょう。アウェイとは知らない人たちがいて社内用語なども通じず、居心地が悪い場です。しかし刺激はあります。こうした違いのある場を行き来するので、日常とは異なる気づきを得ることができるのです[20]。

越境学習の種類は多様です。まず企業主導で人材育成として従業員に実施するものがあります。従業員を自社から別の場（企業に限らず、新興国の非営利団体、地域の非営利団体などを含む）に派遣する取り組みです。また、個人が自発的に行う場合もあります。その種類は、副業、ボランティア、勉強会・研究会、サークル活動、PTAなどであり、この場合も多様です。

◆キャリアブレイクとの共通点

越境学習の学びは、「何になりたいか」を考える学びとされています。それは社会の中で「なりたい自分」を考えることであり、自らのアイデンティティ形成をしていくことでもあります。なぜそのような効果があるかと言えば、アウェイという日常の世界とは異なる異質な状況に身を置き、葛藤し、固定観念を打破していくからです[21]。この学びは、まさにキャリアブレイクの定義にある「自分を見つめなおす」ことと共通している特徴です。

実際、筆者は『越境学習入門』[22]の読者から、「この本に書いてある越境学習を、自分は育児休職の時に経験した」という指摘を多く受けました。職場で勤務している時と育児休職の環境は大きく異なり、それはアウェイそのものであったそうです。そのアウェイとしての育児休職の経験を、ホームである職場に復帰した時に様々な場面で活用することができたそうです。育児休職がキャリアブレイクの定義に該当する場合もあるでしょう。そうなると、キャリアブレイクで獲得したものが、越境学習の学びと合致する場合もあると思われます。

◆キャリアブレイクとの相違点

越境学習とキャリアブレイクの相違点は、現象面から見れば、動きの違いということになります。越境学習においてはホームとアウェイを行き来することが想定されています。他方、キャリアブレイクとは「今まで中心的に活動してきたキャリアの役割」には区切りをつけ、「新しいキャリアの役割」を開始していくということですから、「今までのキャリア」から「新しいキャリア」に移行することになります。つまり、越境学習の動きは往復なのですが、キャリアブレイクの動きは単一方向への移動ということになります。

この現象面の違いは、役割を手放すことの有無の違いと言い換えることもできるでしょう。キャリアブレイクでは、今までの役割に区切りをつけること、すなわち手放すことが前提になっています。しかし越境学習はホームとアウェイを行き来することが前提であり、越境学習者がホームにおける役割を手放すとは限りません。越境学習と比較すると、キャリアブレイクの方が、手放すことについて焦点を当てていると言えるでしょう。

⑤　リスキリング

◆リスキリングとは

リスキリングという言葉は、２０２０年世界経済フォーラム年次総会（ダボス会議）で提唱されて以降、日本でも知られるようになりました[23]。アップスキリングという言葉と一対で紹介されることが多いようです。アップスキリングは「従業員が現在の職務責任を果たすために新しいスキルを獲得すること」[24]、リスキリングは「従業員が異なる、あるいは全く新しい役割を担うために、知識とスキルを必要とすること」[25]と定義されます。

リスキリングは第４次産業革命など急激な環境変化に対応するために必要だとされ、注目されています。またリカレント教育とは厳密には異なるものとされます。先述のとおり、狭義のリカレント教育の対象はフォーマルな学校教育になりますが、リスキリングは学校教育とは限らず、企業などの組織に所属したまま知識とスキルを獲得する教育であればどのようなものでも対象になるからです。しかし広義のリカレント教育を生涯教育と同様なものと考えた場合に、リスキリングとリカレント教育の差はほとんどなくなってしまいます。リカレント教育よりも、変化が激しい時代だからもっと素早く学ぶことがリスキリング、という程度の違いになってしまうのではないでしょうか。筆者は、リスキリングとは、あまり目新しい概念ではないと考えています。そうなるとキャリアブレイクとの共通点や相違点は、すでにリカレント教育について述べた内容と同じですので、ここでは省略いたします。

⑥　サードプレイス

◆サードプレイスとは

サードプレイスはキャリアブレイクの類似概念というよりも、キャリアブレイクの実践者が利用する場です。サードプレイスという考え方は、かなり以前から唱えられていました。実は、１９８０年代に米国の社会学者であるレイ・オルデンバーグが唱えたものなのです[26]。

オルデンバーグによれば、サードプレイスとは第1の場の家庭でもなく、第2の場の職場でもない、第3のとびきり居心地の良い場を意味します。典型例は近所のパブやカフェのようにふらっと歩いて気軽に立ち寄り、顔なじみのメンバーとリラックスできる場です。サードプレイスの特徴についてオルデンバーグは、中立性、平等性があり、会話が中心にあり、遊び心があり、もう1つのわが家のようにリラックスできる、としています。

日本で言えば、近所にあるなじみの居酒屋みたいなものでしょう。逆に新橋に勤務地がある会社員が新橋の居酒屋に同僚と飲みに行き上司の悪口で盛り上がっている場合は、サードプレイスにはあたりません。まさに第2の場の職場の延長であり、セカンドプレイスになってしまうからです。

日本のサードプレイスの研究では、オルデンバーグのサードプレイスの概念を拡大するようになってきています。筆者らの論文を含めた日本の研究〔27〕では、サードプレイスを3種類に区分しています。マイプレイス型、社交交流型、目的交流型という3種類です。

もともとオルデンバーグの提唱していたパブやカフェのような場は、社交交流型にあてはまります。あくまで社交的な交流のための場で、顔なじみの人々とのんびりとリラックスして過ごすことができます。

これに対しマイプレイス型とは、ドトールやスターバックスなどのコーヒーチェーンが典型例として該当します。個人が他者とは交流せずにゆったりとひとりで過ごす場です。そこでは個人が本を読んだり、スマホを見たりなど、自由気ままに過ごすことができます。筆者の知り合いは、JR東海道線のグリーン車に1時間ほど乗っている時が自分にとってのマイプレイス型だ、と語ってくれました。何かと気ぜわしい日常の中で、マイプレイス型は個人にとっては貴重な場ではないでしょうか。ただしオルデンバーグが想定していなかったタイプのサードプレイスです。

最後のタイプは目的交流型です。目的交流型は単に社交の場で集まる場ではなく、社会貢献、地域貢献、個人の学習などなんらかの同じ目的を持つ人々が集まり交流するサードプレイスです。地域のNPO、非営利団体、読書会・勉強会、コワーキングスペース、コミュニティカフェなど多様な種類の場があてはまります。

そこには目的があるのですが、個人は自分の興味・関心によってその目的を選択するため、その場にいることを楽しく感じる場合が多くなります。さらに多様な人々と交流できるので、社交交流型のような楽しさもあります。これもオルデンバーグとしては想定していなかったタイプのサードプレイスになりますが、「中立性、平等性があり、会話が中心にあり、遊び心があり、もう1つのわが家のようにリラックスできる」という点で社交交流型と同じ特徴を有していると思われます。

◆キャリアブレイク実践者にとってのサードプレイス

サードプレイスはキャリアブレイクの実践者がしばしば利用する場です。なぜなら、何らかの役割を手放そうとしているキャリアブレイクの実践者は、第1の場の家庭でもなく、第2の場の職場でもない、第3の場を居場所として求めることが多いからです。たとえば第4章、第5章にあるように、キャリアブレイク研究所が催す交流イベントや「おかゆホテル」は、キャリアブレイクについて理解を深めたいという目的を持つ人々にとって、目的交流型の場として成立しています。また第3章にもあるように、サードプレイスが女性の離職者の行動のきっかけになることも多いようです。このようにサードプレイスとは、キャリアブレイクの実践者にとっては貴重な人生の潤滑油であると言えるでしょう。

2　日本的雇用（無限定総合職、標準労働者、マッチョイズム）とキャリアブレイク

ここまでは、キャリアブレイクの類似概念について説明してきました。それらの説明においても、日本にはキャリアブレイクを受け入れにくい要因が様々にあることが示されていたと思います。なぜこれほどに、日本ではキャリアブレイクが受け入れられにくいのか。筆者はその構造的要因が日本的雇用の特徴にあると考えています。なかでも、無限定総合職、標準労働者、マッチョイズムという3つの特徴に課題があると考えています。それぞれの特徴と課題について述べていきます。

① 無限定総合職

◆無限定総合職とは

なぜキャリアブレイクとは空白だと自然に考えてしまうのでしょうか。それは、日本的雇用における無限定総合職という働き方の存在が影響しているでしょう。

まず日本的雇用の特徴としては、職務という概念が希薄だということが指摘されています。本来、雇用契約というものは従事する職務を特定して契約するものですが、日本では労働者が多様な職種に対応することが当たり前。これは一種の地位設定契約なので、日本的雇用の本質とはメンバーシップ契約（いわゆる就職でなく就社という概念）だという指摘がされました[28]。

この雇用の本質を端的に反映している存在が、無限定総合職です。無限定総合職とは正社員の1区分です。正社員の区分として無限定か限定かの区分があり、無限定である場合に無限定総合職であると位置づけられます。では、何が無限定であるのか。それは、職種、勤務地、時間の3つであるとされています[29]。

職種が無限定であるとは、会社に命じられれば多様な職種に対応しなければならないということです。職種が限定される場合は専門職ということになるでしょう。勤務地が無限定であるとは、会社に命じられれば全国（場合によっては世界中）に転勤しなければならない、ということです。もちろん転勤には、家族と離れ離れになり、単身赴任する場合も含まれます。時間が無限定であるということは、そこには時間外勤務が期待されているということです。もともと無限定総合職は正社員であるのでフルタイム勤務であることが前提なのですが、単に就業時間内だけ働けばいいのではなく、休日出勤を含め時間外勤務をすることが期待され、それが長時間残業になってしまうことは稀ではありません。

日本的雇用ではこの3つの無限定を受け入れる覚悟がなければ、出世は難しいとされてきました。それは労働者にとって過重責任であると指摘されています[30]。こうした過重責任を果たすためには、私生活を犠牲にしなければならないことが実態でした。性別役割分業観が強かった日本では、私生活を犠牲にして過重責任を果たし無限定総合職という働き方を全うする存在は、過去は主として男性に限定されていたことが実態でした。そのため、日本的雇用の大きな課題は、日本人壮年男性という特定のモデルを標準としたことだとされてきました[31]。

こうした日本人男性の占める比率が異様に高い無限定総合職なる働き方の存在が、日本的雇用の本質的な特徴であると言えます。

◆無限定総合職がキャリアブレイクに与える影響

では無限定総合職は、キャリアブレイクにどのような影響を与えるのでしょうか。まず「無限定総合職という存在に囚われる人たちは、その当事者たちだけだから、そうでない人たちには関係ない話ではないか」と疑問を持つ読者がいるかもしれません。しかし無限定総合職の影響範囲は、当事者だけには限らないでしょう。むしろ問題は無限定総合職という存在が日本での働き方の規範となり、当事者ではない多くの人たちまでが影響を受けてしまっていることではないでしょうか。

第5章の事例では、キャリアブレイク実践者たちが無限定総合職という働き方の規範に影響を受けてしまっている状況が示されています。就職活動の際には、親や他者の期待を推しはかり、無限定総合職として就職しなければならないという無言の圧力を感じています。あるいは無限定総合職として働くことが自身にとっての憧れだった、という場合もあります。新卒時に入社した企業を退職し、その後は限定総合職としての働き方を選択した場合でも、その選択は親の期待に反しているのではないかと悩む事例もありました。このように無限定総合職という働き方は、当事者以外にもおおいなる影響を与えるのです。

もちろん、当事者だから受ける影響もキャリアブレイク実践者たちには深刻なものです。第5章の事例では、キャリアブレイク実践者たちは無限定総合職としての過重責任を果たすために、休むという選択肢の存在すら思い浮かべることができませんでした。また無限定総合職として入社したからには、どのような職種を担当したとしても、いつも高いモチベーションを保ち働くべきだという思い込みに囚われていた事例もありました。その思い込みによって、そのキャリアブレイク実践者は精神的に追い込まれていくことにもなりました。

このように無限定総合職を暗黙の前提として働き方の規範として捉えてしまうことは、キャリアブレイクの実践にとっては阻害要因となっていたのです。ただ第5章の事例の話を先取りすると、キャリアブレイクを経験することによって、その実践者たちは無限定総合職という働き方の規範を相対化し、それだけが選択肢ではないと考える境地に達していくのです。

② 標準労働者

標準労働者とは厚生労働省の「賃金構造基本統計調査」で使用されている用語です。「学校卒業後直ちに企業に就職し、同一企業に継続勤務していると見なされる労働者」と定義されています[32]。つまりは、いわゆる終身雇用として、ずっと同じ企業に所属して働く人が標準労働者、ということになります。

また標準労働者という言葉は、春闘でも使用されます。たとえば組合（労働組合）は、標準労働者の30歳のモデル賃金はいくら、35歳のモデル賃金はいくら、という形式で賃金の到達基準を企業に要求します。

標準労働者の年齢によるモデル賃金の要求は複雑に思えます。もっと単純に、1人平均でいくら以上の賃金にする、と組合が企業に要求した方が単純ではないか、という疑問がわくと思います。日本の組合は企業別労働組合であることが一般的ですが、産業によっては春闘の労使交渉を行う際には産業別労働組合が影響力を持っていました。その際、1人平均で要求すると各社の平均年齢など労務構成によって個別企業間の比較が難しくなってしまいます。そこで、学歴別に新卒で入社してから、ある年齢に達した労働者を標準労働者として、そのモデル賃金で産業別労働組合として足並みを揃えて賃上げ額を要求することになっていきました（これは一人平均方式に対して、標準労働者方式＝標労方式と呼ばれます）[33]。

では1人平均の代わりに、なぜ標準労働者という概念を使うことがわかりやすいのでしょうか。それは新卒で入社し、ずっとその企業で勤務していれば、学歴別の年齢で標準的な賃金が計算できてしまうからです。くわえて言えば、年齢別のモデル賃金を労働者が把握できれば、自分の生涯年収も計算できることになります[34]。つまり標準労働者とは、新卒入社から定年退職まで同じ企業にいて、年齢別のモデル賃金によってかなりの確度で自分の生涯の収入の予測が可能になる存在なのです。いわば安定的な環境下で、終身雇用と年功賃金の合わせ技の結果として生じた存在とも言えるでしょう。

◆標準労働者がキャリアブレイクに与える影響

標準労働者は、キャリアブレイクにどのような影響を与えるのでしょうか。それは無限定総合職の影響に似ています。つまり標準労働者という存在が、働き方の規範になってしまうということなのです。

春闘において、標準労働者のモデル賃金をうまく計算するためには、学歴別の年齢と勤続年数がうまく一致している必要があります。それはどういうことかと言えば、新卒で採用される時点の年齢は一定の幅に収まっていてほしい、ということです。なおかつ、いったん入社したなら、ずっと継続して勤務してほしいということでもあります。たとえば、大卒であれば22歳が標準なのに、そこから大幅に年齢がずれると計算に困ってしまいます。またいったん入社したなら、休まず勤務してくれなければ計算に困ってしまいます。学生時代にギャップイヤーを経験することや、入社してから長期のリカレント教育を受けたり、サバティカル休暇をとったりすること。これらはすべて、標準労働者としては逸脱することであり、モデル賃金の計算を難しくしてしまうことなのです。

標準労働者という位置づけからは、転職する人でさえ非標準ということになります。くわえてキャリアブレイクは年齢と勤続年数の一致度を乖離させてしまう行為ですから、さらに非標準です。春闘で使用される標準労働者という概念は、労使ともに暗黙の前提となるものです。つまりキャリアブレイクとは経営側のみならず、組合においても非標準に位置づけられてしまう概念だということになります。

③　マッチョイズム

◆マッチョイズムとは

無限定総合職、標準労働者とともに、日本における働き方の規範として影響力を持つ概念としてマッチョイズムを挙げたいと思います。マッチョイズムとは伝統的な男らしさとして知られ、自分自身の強さを強調したり、仕事を最優先したりする個人の傾向を意味しています[35]。

マッチョイズムは日本独自の概念ではなく、世界で共通してその存在が指摘されています。しかし、日本は特にマッチョイズムの傾向が強い国として知られています。この点については、社会心理学者であるヘールト・ホフステードの研究が有名です[36]。ホフステードの研究は古いものであり、1960年代以降の世界のIBM社員の調査分析に端を発したものです。それ以降も調査分析は続き、今では文化の次元は6次元になっていますが、ここでは『多文化世界』で主要な領域とされている4次元について説明していきます。

各国の文化で異なる領域の4次元とは、「権力の格差」、「集団主義対個人主義」、「女性らしさ対男性らしさ」、「不確実性の回避」を意味しています。一見すると、日本の特徴としては「権力の格差」がありそうで、「集団主義対個人主義」では集団主義が強いように思えます。しかし意外なことに、日本は「権力の格差」、「集団主義対個人主義」の傾向に関しては、世界の中で中位に位置しています。つまり、日本は世界の中では平均的に平等であり、個人が自分の意見を発言することもできる文化だと考えられています。

他方、日本の特徴は「女性らしさ対男性らしさ」と「不確実性の回避」にあるのです。まず「不確実性の回避」ですが、日本のスコアは92であり、世界の50カ国と3つの地域の中では7位です。これは日本の文化はあいまいさに寛容ではなく、人々を規則で管理したくなるという傾向が強いことを意味します。具体的に言えば、校則や就業規則を細かく設定してしまうということです。

さらに顕著な特徴は「女性らしさ対男性らしさ」の次元です。日本の男性らしさのスコアは95であり、世界の50カ国と3つの地域の中で1位です。しかも2位のオーストリアのスコアは79ですから、2位以下を引き離しての圧倒的1位、ということになります。では、男性らしさと女性らしさの特徴とは、どんなものでしょうか。男性らしさとは高い給与、良い仕事をした時の承認、昇進、仕事のやりがいを求める文化を意味します。他方、女性らしさとは上司と良い関係を保ち、協力し合える人と一緒に働き、自分と家族に望ましい居住地を選び、雇用が保障されていることを望む文化を意味します。

仕事を重視する男性らしさと、より良い人間関係などを求める女性らしさを、男性・女性というジェンダーに関する名称で定義してしまうことに、読者は違和感を覚えるかもしれません。筆者もこの違いをジェンダーで表現してしまうことは、それ自体がステレオタイプな価値観を増幅してしまう懸念を感じます。ただホフステードによれば、こうした名称をつけた理由は、IBM社員において男性と女性でこの次元に明確な差異があったからだということです。

またホフステードが示す男性らしさの英語はマスキュリニティ（masculinity）であり、マッチョイズムとは厳密には異なる言葉です。しかし自身の強さを強調し、仕事を最優先するマッチョイズムと、仕事の給与、承認、昇進、やりがいを求めるマスキュリニティは類似した概念なので、以降、本書ではマッチョイズムという言葉に統一して使用します。

◆マッチョイズムがキャリアブレイクに与える影響

マッチョイズムの背景には、日本が性別役割分業を前提とした「仕事中心」社会であり、その前提としての日本型男性正社員モデルが存在しているという指摘があります[37]。この指摘どおり、マッチョイズムは無限定総合職と標準労働者という規範に、きわめて整合してしまっていると筆者も考えます。

まず無限定総合職は、職種、勤務地、時間の3つを会社に命じられれば無限定に対応しなければならないという過重責任を負います。その過重責任が意味するところはマッチョイズムでいうところの仕事最優先であり、だからこそ仕事の給与、承認、昇進、やりがいに価値を見出すことになります。女性らしさには、自分と家族に望ましい居住地を選ぶことを重視する要素がありましたが、マッチョイズムではその点は重視しません。この点も無限定総合職と整合します。

次に標準労働者ですが、新卒としていったん入社したなら、モデル賃金で計算される生涯賃金を予測しながら、その会社に定年まで勤務します。その会社における生涯賃金を期待して働くのですから、やはりマッチョイズムの要素である給与、昇進を重視することになります。

こうした無限定総合職と標準労働者に整合的なマッチョイズムが規範化されると、とにかく仕事ばかりを優先するようになります。仕事ばかりを優先するマッチョイズムにとって、仕事をしていない期間は空白ということになるでしょう。すなわち、マッチョイズムから見れば、キャリアブレイクという概念は空白（ブランク）と化してしまうのです。

◆マッチョイズムにおける親ペナルティ

マッチョイズムは親ペナルティをもたらすと考えられます。親ペナルティとは、育児によって親に様々な負担が増し、親の幸福感が下がってしまう現象を意味します。親ペナルティについては、働き方の柔軟化（フレックスタイム・有休休暇・育児休職など）が充実している（北欧やフランスなど）と起こりにくいのです。他方、働き方の柔軟化が充実していない（米国やオーストラリアなど）と国民全体の幸福感が低いうえに、親ペナルティが生じてしまうのです[38]。

さらに拓殖大学教授の佐藤一磨の研究では、日本の女性において幸福感の高さは、子どもがおらず働いていない妻、子どもがおらず働いている妻、子どもがいて働いていない妻、子どもがいて働いている妻、の順になることが明らかになっています。佐藤は、こうした現象が生じる理由は日本の労働市場では性別役割分業観が支配的で、そのため女性だけに家事と育児の負担が重くのしかかっているからだと指摘しています[39]。

このように日本で親ペナルティが顕著なのは、世界でもよく知られているようです。メタ・プラットフォームズ社（旧フェイスブック）の最高執行責任者（ＣＯＯ）だったシェリル・サンドバーグは、世界的なベストセラーになった『リーン・イン』の中で、世界の中で日本は親ペナルティが強い国だ、とわざわざ日本を名指しで指摘しているほどです〔40〕。

親ペナルティについては、次のようにまとめることができると思います。マッチョイムズは、仕事最優先であり、休むことを良しとはしません。そのため、キャリアブレイクをはじめとする休みに価値を見出す働き方の柔軟化が起こりにくくなります。さらにマッチョイズムは性別役割分業観と強く紐づいています。そのため、女性に家事と育児の負担が重くのしかかります。結果としてマッチョイズムはキャリアブレイクを阻害するだけでなく、親ペナルティを促進し、なおかつ女性だけに親ペナルティの傾向を顕著にしてしまうのです。

④ 日本的雇用の成立

◆日本的雇用はいつ成立したのか

ここまで、無限定総合職・標準労働者・マッチョイズムという3点セットが日本的雇用の特徴であることについて述べてきました。そしてその3点セットが、日本でキャリアブレイクを受け入れにくくさせる要因になってしまっていることを説明してきました。

それでは、日本的雇用はいつ成立したのでしょうか。もし日本的雇用が日本文化と分かちがたい基盤のようなものであり、それを受け入れることは日本においては運命的なことだと考えてしまうと、私たちの生き方を何も変えることができなくなってしまいます。

しかし、日本的雇用の成立はそのようには捉えられていません。その成立時期には、１９２０年代説、戦時期説、終戦直後説の3説があり、終戦直後説がもっとも有力です。なぜ終戦直後かと言えば、第２次世界大戦後に日本では組合の勢力が拡大し、その組合が主張した企業内の民主化が成立したからだということなのです[41]。

この点について、日本近代史の研究者であるアンドルー・ゴードンの『日本労使関係史１８５３－２０１０』[42]に基づき、もう少し詳しく見てみましょう。明治の頃の日本では、日本の職人社会の特徴として「渡り歩き」が当然視されていました。一人前の職人として認められるためには、多くの企業で経験を積むことが重要だと思われていたのです。こうした高い移動性を持つ労働者は「渡り職工」と呼ばれました。こうした高い移動性を有する労働者を経営側は敵視していて、解雇も頻繁でした。

さらに職員（ホワイトカラー）と工員（ブルーカラー）の間には、いわば身分差とでもいうべき格差がありました。工員は職員と同じ通用門や食堂を使用することすら許されなかったのです。しかし第２次世界大戦の後には、日本で組合の勢力が拡大しました。そこで、組合は職員と工員の格差撤廃を主張し、企業内の民主化が成立しました。しかし１９４９年から53年の労使の争議で、経営側も一定の巻き返しを行いました。解雇闘争の大変さを知った経営側は、労働者の雇用保障を認めることにしました。しかし、賃金制度は能力による査定が可能になるよう修正したのです。

このようにゴードンは、日本的雇用が日本固有の伝統的なものであるという見解は単純だと指摘しました。日本的雇用の本質とは、近代化の過程で労使による権力と抗争の相互関係で形成されたことにあると主張したのです。

◆生産性三原則

終戦直後説やゴードンの主張にある日本的雇用の成立を象徴的に示すものが、生産性三原則です。生産性運動とは、米国政府が主導してまず欧州で始まり、日本でも米国政府が関与し、経済同友会と経団連などの経済団体が賛同して推進されました。その結果、政労使が賛同して、1955年に生産性三原則が策定されました[43]。

では、生産性三原則とはどのような内容でしょうか。具体的には次の内容です[44]。第1原則では、生産性の向上は雇用の増大をもたらすが、過渡的な過剰人員に対しては、官民協力して配置転換その他により失業を防止する措置を取る、ということが示されています。第2原則では具体的な方式は各企業の実情に即す、ということが示されています。第3原則では、生産性向上の成果は、経営者、労働者、消費者に公正に分配される、ということが示されています。

つまるところ、生産性三原則とは何を意味しているのでしょうか。端的に言えば、失業を防止する、すなわち雇用の保障の実現を政労使が究極の目標にした、ということです。しかし、雇用の保障の実現は簡単ではない。そのため、配置転換その他の措置は政労使で一致して協力しましょう、ということでもあります。配置転換その他の措置とは、職種の変更、勤務地の変更、会社の業績が良い時には長時間残業をするが業績が悪くなった時には残業を減らす、ということを意味します。これはまさに無限定総合職の特徴と一致するわけです。さらに雇用の保障という究極の目標は、それぞれの会社で労使が話し合って施策を実現することが第2原則です。さらに生産性向上の成果は政労使で公平に分配する、ということが第3原則です。

注目すべきは政労使が合意しているということです。つまり、国、経営側、組合側の三者が雇用の保障を素晴らしいものである、と考えたということです。雇用が保障され、同じ企業で勤務する労働者は標準労働者になります。配置転換その他の措置に対応するためには、無限定総合職となることが必要です。そして国、経営側、組合側が雇用の保障は素晴らしいものであり究極の目標と考えているのですから、仕事を最優先することは良いことであるという規範が生まれ、それがマッチョイズムを肯定することになります。こうして生産性三原則は、無限定総合職・標準労働者・マッチョイズムという3点セットを生み出す出発点になったと考えられます。

⑤ 喜んでいた人が多いから、変わりにくい

◆雇用の保障と社員の平等が実現

生産性三原則は当時としては画期的なもので、多くの人が歓迎し熱狂的に受け入れたのではないでしょうか。組合としては、雇用の保障は悲願であったわけです。そして職員と工員の格差を撤廃し、企業内の民主化を成し遂げることも悲願でした。生産性三原則は、そのいずれをも満たし、無限定総合職・標準労働者・マッチョイズムの規範にしたがって一所懸命に働くのであれば、平等に昇進の機会を狙うこともできるわけです。

社会学者の小熊英二はこの状況を「社員の平等」と表現します[45]。小熊によれば欧米などの企業では、三層構造（上級職員・下級職員・現場労働者）の関係が成立しており、企業の中で社員は平等ではなく、れっきとした格差が存在します。小熊は日本も戦前から１９５０年代までは同様の三層構造（社員・準社員・職工など）が存在した、とも指摘しています。しかし１９５０年代半ば以降から高度成長期にかけて、高校進学率、大学進学率が上昇して国全体の高学歴化が進行したという背景もあり、日本企業は事実上三層構造を解体し、そのメンバー全員を社員として扱うようになったのです。ただし、日本企業はメンバー全員である社員を、完全に年功序列で処遇したわけではありません。「能力」で査定し、一定の差をつけることにしたのです。

この小熊の指摘する状況は、日本の高度成長期と絶妙な相乗効果を生み出しました。労働者および組合にと

っては、戦前ではなかなか獲得することができなかった企業内の雇用の保障と格差解消が実現してしまったわけです。ただし、能力で査定されるために、一所懸命に働かなければいけない。しかしこれだけの果実を手にしたのだから、一所懸命に働こう。多くの労働者がそう思い、無限定総合職・標準労働者・マッチョイズムの規範を喜んで受け入れ、意欲高く働くことになったわけです。そのおかげで、高度成長期に日本の企業は飛躍的に成長していくことになります。三層構造は存在せず、社員であって能力さえ発揮すれば、企業内で平等に昇進競争に参加することができる。これは欧米の企業には存在しなかった特徴であり、日本の労働者の意欲を高める要因でもあったでしょう。

◆日本的雇用の負の側面

ただし、この状況は良いこと尽くめではありません。一定の留保をつける必要があります。あくまで社員の平等が実現している範囲は、無限定総合職・標準労働者・マッチョイズムの規範を受け入れる社員に限られるのです。この規範を受け入れるためには、家事・育児なども含まれる私生活を投げうって仕事を最優先にする覚悟が必要です。そのため、無限定総合職・標準労働者・マッチョイズムの3点セットを満たす社員は限られてしまいます。こうした3点セットを満たす社員だけが平等で昇進競争に参加できる特徴をメンバーシップ型雇用とも言い表すこともあります[46]。

3点セットを満たす社員とそうでない人々が区分されてしまうこと。この特徴が日本的雇用の負の側面であることについて、多くの指摘があります。代表例は次のとおりです。まず日本は企業中心社会であり、性別の役割が分離され、女性がもっぱら家事を担当し、かつ働く場合でも低い処遇の非正規雇用を担い基幹労働を担う立場になっていないという指摘があります[47]。

この点について、昨今は共働き世帯が増加しており、性別の役割が分離されているという実態は変わったのではないか、という批判があるかもしれません。たしかに実態としては２０１６年時点での専業主婦世帯の比率は37%であり、１９８０年代に比べてその比率は低下しています。しかし主に仕事をしてない主婦パートなどの妻を準専業主婦とした場合の２０１５年国勢調査での専業主婦と準専業主婦の世帯の比率は63%です。つまり、依然として日本では広義の専業主婦世帯が主流なのです。それどころか、２０１１年における専業主婦世帯における貧困率は12%であり、「貧困専業主婦」とでもいうべき専業主婦層が存在することが明らかにされています[48]。

企業内で社員の平等が実現されたはずなのに、なぜこんな状況が生まれているのでしょうか。それは親の経済格差が子どもの世代にも連鎖してしまうという問題が1つの要因です。日本では学校外の教育支出の額が大きく、それが教育格差につながります。くわえて無限定総合職・標準労働者・マッチョイズムの3点セットを満たすことができない主婦層は、４Ｃ（ケアリング、クリーニング、クッキング、キャッシャー）が主な就職の復帰先になってしまい、世代の経済格差連鎖を覆すことは簡単ではないわけです[49]。

社会学者の松岡亮二は一連の研究の中で、日本は出身家庭と地域の影響が世代を超えて連鎖する「緩やかな身分社会」であると指摘しています。こうした格差をもたらすのは社会的経済的地位という、いわゆる出身階層の問題です。こうした出身階層に起因する格差が、戦後は徐々に拡大してきたことが確認されています[50]。

ここまで、無限定総合職・標準労働者・マッチョイズムの3点セットを満たすことができない層が存在することと、そのひずみによって生じた問題に焦点を当ててきました。ただし、もちろん無限定総合職・標準労働者・マッチョイズムの3点セットを満たす層の問題もあります。日本では欧米に比べて社員は企業内で平等に昇進競争に参加することができ、そのためその労働意欲は高いとされてきました。それは一見、自発的な主体性のように見えます。しかしその主体性は、実際には同一企業で長期間一緒に働く人々との関係性を維持するための、やむにやまれぬ「強制された主体性」であると、経済学者の熊沢誠は指摘します。そして熊沢は、それこそが「日本的経営の陰」であるとしています[51]。

また無限定総合職・標準労働者・マッチョイズムの3点セットは、実際には期限付きでしか満たすことができない、という側面があります。日本的雇用の特徴は終身雇用である、とされながらも、実際には定年退職という仕組みがあります。定年退職という仕組みとセットで、役職定年や定年再雇用などという仕組みもあります。役職定年や定年再雇用となってしまった社員には、企業側はもはや無限定総合職・標準労働者・マッチョイズムの3点セットを期待しません。昇進の対象であるという枠組みからは、外れてしまっています。シニア層になり、自分が無限定総合職・標準労働者・マッチョイズムの3点セットの対象から外れてしまった社員は大いに戸惑い、その状況に適応できず悩むことになるのです[52]。

3 スティグマ

ここまでは、無限定総合職・標準労働者・マッチョイズムの3点セットとキャリアブレイクの関係について述べてきました。暗黙のうちに3点セットが働き方の規範となってしまうと、キャリアブレイクはスティグマと位置づけられてしまう懸念があります。この点について考えてみたいと思います。

① スティグマとは

スティグマについては、社会学者のアーヴィング・ゴッフマンの論考が有名です[53]。ゴッフマンによれば、ある人にとっては健全で正常な人と見なすことができない種類の属性を意味しています。言い換えれば、ある人にとっては信頼することができない属性なのです。その属性とはゴッフマンによれば、社会的なアイデンティティでもあります。なぜアイデンティティと呼ぶかと言えば、その属性とは社会構造としての性質のものでもありますが、人柄など個人に付随する性質も含まれる場合があるからです。

このようにスティグマとは、ある人にとって望ましくないと感じられる種類の属性なのです。これはもちろん、ある人々にとっての他者への見方ということになります。そのため、それは偏見であると言い換えることができます。ある人々にとっての暗黙の前提が、スティグマを呼び起こす偏見につながることはあるでしょう。つまり、無限定総合職・標準労働者・マッチョイズムの3点セットを働き方の規範と見なしている人々にとっては、キャリアブレイクがスティグマになってしまう可能性は十分にあるわけです。

② スティグマとキャリアブレイク

無限定総合職・標準労働者・マッチョイズムを当たり前だと思う人々が、キャリアブレイクの実践という属性をスティグマと見なす具体例とはどのようなものでしょうか。たとえば「自分は一所懸命に働いているのに、離職したり休職したりして休むことは、同情すべき点があっても望ましくないことだ。自分が稼いだ給与の税金が、その人たちの支援に使われるのだから」と考える個人は、キャリアブレイクの実践をスティグマと見なしていることになります。

また「履歴書の空白」問題は、企業の採用担当者がキャリアブレイクの実践をスティグマと見なしている例として挙げることができるでしょう。履歴書に空白があればそれだけで企業側から問題と見なされて、採用選考が不利になってしまうことが「履歴書の空白」問題です。共著者の北野はこの問題が本当に存在するのか、採用担当者と転職エージェントにインタビューして検証しています[54]。その結果、採用担当者からは次の実態が示されました。キャリアの空白が気になる、ということが本音であること。また3カ月程度の離職期間であればさほど問題にしないが、1年以上の離職期間がある場合は選考上不利になる確率が高まること。また転職エージェントは、採用担当者よりも履歴書の空白をさらに厳しく捉えていて、空白がない候補者を優先する実態が示されました。なお、採用担当者は転職回数が多い場合も採用選考には不利になると指摘しています。標準労働者という規範からすれば、転職すらもスティグマになり得るわけです。

ただ「履歴書の空白」問題は、採用担当者がまったく一律の対応をするわけでもない、という点に注目しておく必要があります。採用担当者によれば、履歴書に空白の理由が何も記されていないことが多々あるそうです。理由さえしっかりと記されていれば、それを踏まえて誠実に評価したいと考えているそうですが、それだけに何も理由が書いていないともったいない、と感じてしまうことが多いそうです[55]。

ここから、キャリアブレイクが現時点でスティグマになっている現状は否定できないものの、それにまったく対処できないわけではないこともわかります。今後、日本社会のキャリアブレイクに対する見方が変われば、さらに対処しやすくなっていく可能性もあるのではないでしょうか。

実際にリクルートワークス社の2023年の調査によれば、再就職活動を継続している場合の離職期間ごとの再就職確率は、離職後半年までは低下しますが、それ以降は期間が長くなっても低下の程度が頭打ちになることが示されています。ここからリクルートワークス社は、離職期間が長くなると再就職は難しくなるという見方は、ある意味では都市伝説の類だと結論しています[56]。

③　キャリアブレイク実践者が感じるスティグマ

スティグマの本質とは、他者がそれについて偏見を持つということにとどまりません。スティグマを持つと見なされた自身がそれによって傷つき、打ちのめされるということでもあるのです。しかも自身がそれをスティグマと感じ取る内容は、そのスティグマと関わりのない人々の日常においては想像ができないものかもしれません。

たとえば第5章の事例では、離職してから美容院に行った時に、来客の職業をチェックする欄があり、その欄の選択肢に自分が当てはまるものがなく、衝撃を受けたというエピソードがありました。美容院の顧客名簿を作成した人に離職をスティグマと見なす意識は、おそらくないでしょう。しかし学生ではなく専業主夫・主婦でもなければ職業があるはず、という無意識の前提こそが、当事者に自身のスティグマをむしろ強く意識させてしまうのです。そのため他のキャリアブレイク実践者は、自分が留学したカナダに比べて日本はマジョリティとマイノリティの線引きを強く感じさせる社会だ、という実感を述べています。

また駐夫《ちゅうおっと》に関するエピソードも印象的です。駐夫とは、妻の海外赴任に同行して離職または休職した夫を意味する言葉です。夫の海外赴任に同行した妻（駐妻）に比べて、日本ではまだまだ珍しい存在です。駐夫について述べられた書籍[57]で次のようなエピソードがありました。そもそも駐夫たちは妻の海外赴任に伴い離職や休職をする以前は、無限定総合職・標準労働者・マッチョイズムの3点セットを自身の働き方の規範としていました。そのために、妻は働いているのに自身は離職や休職をしている状態には相当な葛藤がありました。しかし現地での生活になんとか適応し、むしろ日本との文化の違いから視野の広がりを実感していきます。

ところがスティグマを感じるのは日本に帰国後のことなのです。ある駐夫が日本で再就職のための面接を受けている時のことでした。子どもが風邪をひいたらどうするかとの質問に、妻と半々で対応すると回答した駐夫に対し、採用の面接官は、自身は妻に休んでもらいすべて面倒をみてもらった、と誇らしげに告げたそうです。男性なら妻だけに負担をかけても仕事最優先が当たり前という価値観に接し、休むことの価値が当たり前になっていた駐夫は衝撃を受け、日本社会と自身の間にずれがあることを認識せざるを得なかったそうです[58]。

この採用の面接官に駐夫を貶める悪意はなかったのかもしれません。しかし、悪意がない方がむしろキャリアブレイク実践者たちにスティグマを感じさせてしまいます。無意識の前提として、日本社会では無限定総合職・標準労働者・マッチョイズムという規範が当たり前。そうであるからこそ、その規範から逸脱してしまっている自身にスティグマを感じざるを得ないのです。

④　スティグマは変わる――リンクトインのキャリアブレイク

しかしスティグマは固定的で不変なものではありません。取り巻く状況に伴い、変わっていく性質のものです。ここまでご説明してきたとおり、無限定総合職と標準労働者は日本的雇用によって生じた特徴です。しかしマッチョイズムは他国にも存在する問題です。

たとえば米国です。転職率が高く、職種の専門性を尊重する米国の働き方は無限定総合職と標準労働者という特徴には該当しません。しかし仕事を最優先するという規範は強く、それが人々の行動に大きな影響を与えているそうです[59]。そうした観点からは、米国にもマッチョイズムは当てはまり、3点セットの日本ほどではないにしても、キャリアブレイクをスティグマと見なしてしまう傾向が一定程度は存在していると考えられます。

しかしその傾向を変える象徴的な出来事がありました。リンクトイン（LinkedIn）は米国発で世界に普及しているビジネス向けのSNSとして有名です。求職活動や転職活動において、リンクトインはなくてはならない存在になっています。

このリンクトインが2022年3月に、"Career Breaks"という機能によってキャリアブレイクを経歴に登録できる、と発表したことは大きな話題になりました。リンクトイン社のホームページの発表によれば、その趣旨は次のとおりです。米国ですら、一部の採用担当者はキャリアブレイク実践者を採用することにためらいがあるそうです。しかしリンクトイン社は、キャリアブレイクによって、その実践者たちはスキルを向上させ、また新しいスキルを開発できると考えています。つまりキャリアブレイクには、大きな恩恵があると見なしているのです。リンクトインの登録者からは、キャリアブレイクの経験を登録したいという声が多々寄せられていたそうです。こうした実態を踏まえ、リンクトイン社としては、子育て、介護、ギャップイヤー、レイオフ、その他の人生のニーズに関して、幅広くキャリアブレイクにおけるスキルや経験について登録できるようにしたのです[60]。

このリンクトインの取り組みこそ、スティグマが時代によって変化していくことの何よりの証明ではないでしょうか。仕事最優先の規範が強かった米国では、従来キャリアブレイクについてはスティグマに該当したのかもしれません。しかし今や、キャリアブレイクとはむしろスキルを獲得するための貴重な機会である、という見方へと変わりつつあるわけです。日本社会でも、そのような変化は十分に起きる可能性があるといえるでしょう。

[1] 田中茉莉子（2017）「リカレント教育を通じた人的資本の蓄積」『経済分析』196、49-81頁。
[2] 大学、大学院、短期大学、高等専門学校、専門学校などが修了者に履修証明を行うプログラム。学位プログラムとは区別される。
[3] ビジネスパーソンが自らのビジネススキルを活かして行うボランティア。
[4] 佐々木英和（2020）「政策としての「リカレント教育」の意義と課題：「教育を受け直す権利」を足がかりとした制度設計にむけて」『日本労働研究雑誌』721、26-40頁。
[5] 日本女子大学リカレント教育課程ホームページ（https://www5.jwu.ac.jp/gp/recurrent/gaiyou.html）（2023年12月25日アクセス）。
[6] Kang, B., & Miller, T. (1999). *An overview of sabbatical leave in higher education: A synopsis of the literature base.* (*ERIC Document Reproduction Service No. ED430471*). University of Alabama, Higher Education Administration and Leadership Program.
[7] 前田信彦（2005）「欧州における長期休暇制度」『日本労働研究雑誌』540、47-54頁。
[8] 同前論文。
[9] 日本経済新聞2023年12月29日朝刊「休み下手ニッポン　中」。労働政策研究・研修機構『データブック国際労働比較2023』第6-4表「年間休日数」によれば、日本における2021年の有給休暇取得平均日数は10・3日で、取得率は58・3%である。他方、他国の取得率は英国84%、ドイツ93%、フランス83%、イタリア77%（2021年調査）。
[10] 日本経済新聞2023年12月31日朝刊「休み下手ニッポン　下」。
[11] 独立行政法人農業環境技術研究所ホームページ（https://www.naro.affrc.go.jp/archive/niaes/magazine/105/mgzn10508.html）（2024年1月19日アクセス）。
[12] 中國新聞ホームページ（https://www.chugoku-np.co.jp/articles/-/60536）（2024年1月19日アクセス）。
[13] 毎日新聞ホームページ（https://mainichi. jp/articles/20201202/k00/00m/050/207000c#:~:text=% EF% BC%9D% E7%94% BA% E7%94% B0% E6% A8% B9%20%2F3,-% E6%9C%89% E6%96%99% E8% A8%98% E4% BA%8B&text=1% E6%97% A5% E4% BC%91% E3%82%81% E3%81%81% B0% E3%80%81% E5%8F%96% E3%82%8A% E6%88% BB% E3%81%99,% E8% A8%80% E3%82%8F% E3%82%8F% E3%82%8C% E3%82%8B% E8% A8%80% E8% AA% AC% E3%81% A7% E3%81%82% E3%82%82%

8B% E3%80%82)（２０２４年1月19日アクセス）。
[14] 杉岡秀紀（２０１５）「わが国におけるギャップイヤーの導入事例：インターンシップの課題克服の視座を中心として」『京都府立大学学術報告　公共政策』７、１５９－１７５頁。
[15] 砂田薫（２０１３）「ギャップイヤーの定義」『ギャップイヤー白書２０１３』、４頁。２００４年の英国・教育技能省受託研究「ギャップイヤーの概念図」より。
[16] 前掲論文　杉岡（２０１５）。
[17] 前掲論文　砂田（２０１３）。
[18] 赤崎美砂（２０１５）「ギャップイヤーの意義：実践者が認識するギャップイヤー経験」『国際経営・文化研究』*20*(1)、１５５－１６７頁。
[19] ギャップイヤー・プラットフォーラム（２０１３）『ギャップイヤー白書２０１３』。
[20] 石山恒貴・伊達洋駆（２０２２）『越境学習入門：組織を強くする冒険人材の育て方』日本能率協会マネジメントセンター。
[21] 同前書。
[22] 同前書。
[23] 世界経済フォーラムホームページ (https://jp.weforum.org/reports/the-future-of-jobs-report-2020/)（２０２３年８月18日アクセス）。
[24] Li, L.（2022）. Reskilling and upskilling the future-ready workforce for industry 4. 0 and beyond. *Information Systems Frontiers,* 1-16, 10.
[25] 同前書、10頁。
[26] Oldenburg, R.（1989）. *The great good place.* Marlowe & Company.（忠平美幸訳『サードプレイス』みすず書房、２０１３年）
[27] 片岡亜紀子・石山恒貴（２０１７）「地域コミュニティにおけるサードプレイスの役割と効果」『地域イノベーション』*9*、73－86頁、および小林重人・山田広明（２０１４）「マイプレイス志向と交流志向が共存するサードプレイス形成モデルの研究：石川県能美市の非常設型「ひょっこりカフェ」を事例として」『地域活性研究』５、３－12頁。
[28] 濱口桂一郎（２００９）『新しい労働社会：雇用システムの再構築へ』岩波書店。
[29] 平野光俊・江夏幾多郎（２０１８）『人事管理』有斐閣。
[30] 前掲書　濱口（２００９）。
[31] 佐藤博樹・松浦民恵・高見具広（２０２０）『働き方改革の基本』中央経済社。
[32] 厚生労働省ホームページ「賃金構造基本統計調査：用語の解説」(https://www.mhlw.go.jp/toukei/list/chinginkouzou_b.html#09)（２０２４年１月29日アクセス）。
[33] 梅崎修・南雲智映・島西智輝（２０２３）『日本的雇用システムをつくる１９４５～１９９５』東京大学出版会。
[34] 同前書。

[35] Berdahl, J. L., Glick, P., Cooper, M.（2018）. How Masculinity Contests Undermine Organizations, and What to Do About It. Harvard Business Review, November 2, 2018.（「『男性性を競う文化』が組織に機能不全を招く」『ハーバード・ビジネス・レビュー』２０１８年12月14日）
[36] Hofstede, G.（1991）Cultures and Organizations: Software of the mind. McGrawHill.（岩井紀子・岩井八郎訳『多文化世界：違いを学び共存への道を探る』有斐閣、１９９５年）
[37] 筒井健太郎（２０２２）「マッチョイズム：男性がありのままになることを阻む壁」リクルートワークス研究所ホームページ（https://www.works-i.com/column/works04/detail054.html）（２０２４年２月７日アクセス）。
[38] 柴田悠（２０２３）「少子化対策何かできるか　中　働き方の柔軟化最優先で」日本経済新聞２０２３年10月27日。
[39] 前掲論文　Sato (2022).
[40] Sandberg, S.（2015）. *Lean in-women, work and the will to lead.* New York, NY：Knopf.（村井章子訳『LEAN IN：女性、仕事、リーダーへの意欲』日本経済新聞出版、２０１３年）
[41] 前掲書　梅崎・南雲・島西（２０２３）。
[42] Gordon, A.（2020）. *The evolution of labor relations in Japan: Heavy industry, 1853–1955.* Harvard University Asia Center.（二村一夫訳『日本労使関係史１８５３−２０１０』岩波書店、２０１２年）
[43] 前掲書　梅崎・南雲・島西（２０２３）。
[44] 日本生産性本部編（２０２２）『実録生産性論争』中央公論事業出版、７７７頁。
[45] 小熊英二（２０１９）『日本社会のしくみ：雇用・教育・福祉の歴史社会学』講談社。
[46] 前掲書　濱口（２００９）。
[47] 大沢真理（１９９３）『企業中心社会を超えて』時事通信社。
[48] 周燕飛（２０１９）『貧困専業主婦』新潮社。
[49] 同前書。
[50] 松岡亮二（２０１９）『教育格差：階層・地域・学歴』筑摩書房。
[51] 熊沢誠（１９８９）『日本的経営の明暗』筑摩書房。
[52] 石山恒貴（２０２３）『定年前と定年後の働き方：サードエイジを生きる思考』光文社。
[53] Goffman E.（1986）. *Stigma: Notes on the management of a spoiled identity.* Prentice-Hall.（石黒毅訳『スティグマの社会学：烙印を押されたアイデンティティ』せりか書房、２００１年）
[54] 北野貴大（２０２４）『仕事のモヤモヤに効くキャリアブレイクという選択肢』ＫＡＤＯＫＡＷＡ。
[55] 同前書。

［56］リクルートワークス（２０２３）『Works Report2023　なぜ転職したいのに転職しないのか：転職の都市伝説を検証する』。

［57］小西一禎（２０２４）『妻に稼がれる夫のジレンマ：共働き夫婦の性別役割意識をめぐって』筑摩書房。

［58］同前書。

［59］Stolzoff, S.（2023）. *The Good Enough Job: Reclaiming Life from Work.* Portfolio.（大熊希美訳『静かな働き方：「ほどよい」仕事でじぶん時間を取り戻す』日本経済新聞出版、２０２３年）

［60］リンクトイン社タレントブログ“LinkedIn Members Can Now Spotlight Career Breaks on Their Profiles”（https://www.linkedin.com/business/talent/blog/product-tips/linkedin-members-spotlight-career-breaks-on-profiles?_l=en_US&src=or-search&veh=www.google.com）（２０２４年２月７日アクセス）。

第3章 キャリアブレイクを支える理論

片岡亜紀子◆KATAOKA Akiko

前章ではキャリアブレイクの背景について幅広く論じました。本章では、２０１６年に定義されたキャリアブレイクの概念を中心に、それを支える理論について詳しく掘り下げます。

まず、筆者（片岡）がこのテーマを研究するきっかけとなった背景を紹介します。その後、筆者の博士論文[1]を基に、「離職期間」について論じた後、キャリアブレイクを支える理論として「転機」と「自己効力感」について説明します。

1 筆者（片岡）のキャリア

① 会社を辞めて

筆者は新卒で入社した会社を20代後半で辞め、1年以上の離職期間を経験しました。退職するまでは、周りと同じことをしていれば大丈夫だという感覚があり、皆と同じ立場にいることは筆者に最大の安心感をもたらしていました。

しかし、突然状況が変わりました。体調不良により退職することになったのです。上司や同僚に恵まれ楽しく働いていた筆者にとって、予期しない出来事でした。しばらくは一人だけ取り残されたという孤独感に襲われていました。

当時、両親と同居していた筆者は、自分が働かなくても生活が成り立つことで、「自分は必要ない人間かもしれない」と本気で思っていました。今思えばあまりにも短絡的な考えですが、会社を辞めたことで、自分が無価値な存在に思えて仕方がなかったのです。

数年働いた会社が自分のアイデンティティの大部分を占めていたことに、退職後に気づかされました。

② 何をすれば良いかわからない

会社を辞めて、しばらくは体を休めていました。当時書いていた日記を読み返すと、皆と同じことができない自分を否定する言葉ばかりが並んでいました。心は常に休まりませんでした。

外出するのも億劫になりました。もし近所の人に会ったら、自分のことを何て説明すれば良いのかわからなかったのです。ある時は、手芸店の会員証をつくることをやめました。職業欄があったからです。今思えば、なぜそんなことを気にしていたのだろうと思うのですが、当時は胸が痛むような出来事でした。

毎日、横になってテレビを見ることで現実逃避をし、辛い気持ちを両親に吐露し、ノートには心の叫びを書き連ねていました。テレビの中では、様々な人たちが賑やかに話しています。明るい世界を眺めながら、「もう何カ月も家族以外とは話していないな」と思いました。

③ 自分が変わるしかない

根気強く私を見守ってくれた家族には感謝しかありません。

心ゆくまで自分の気持ちを吐き出して、ゆっくり休んだことが功を奏したのか、徐々に元気を取り戻していきました。そこで初めて、自分で自分の人生を考え始めました。誰の真似もできません。

一体何をしたらよいのか、まったくわかりませんでしたが、自分が変わるしかないことだけはわかっていました。これまでの筆者は、挑戦を避けることを選んでいました。人と違うことをして失敗したくないから、諦めることが多かったのです。もうそんなことは考えず、やりたいことをやってみよう。そう考えた筆者は、以前から欲しかった車の免許を取りに教習所に通ったり、仕事に役立ちそうなスキルを身につけるためパソコンスクールに通ったりしました。

④　不安は払拭されない

その後、筆者はパソコンインストラクターになりました。子どもの頃から教育に関わる仕事に憧れていたため、学んだことを生かしてパソコンの使い方を教える職に就くことにしました。同時に産業・組織心理学やキャリア・カウンセリングを学ぶために大学の通信制に編入しました。その頃になると、自身の興味を追求する自由を感じるようになっていました。

ＩＴやキャリア・カウンセリングの仕事を通じ、正規雇用以外にも、個人事業主や派遣社員、契約社員等の様々な非正規雇用を経験しました。自分のキャリアの舵を取っているという実感がありつつも、バブル崩壊やリーマンショックなど「いつ仕事がなくなるかわからない」という状況に常に危うさを感じていました。

何かに追われるように資格や学士学位を取得していました。当時の筆者は学ぶことでしか人生を変えられないと本気で思っていたのです。しかし、いくら資格をとっても学位を得ても、心の奥底の不安を払拭することはできませんでした。

⑤　大学院へ進学する

結局、どうすればよいかわからないまま、社会人でも通える大学院に通うことにしました。様々な雇用形態を経験し、働き方や保険、年金制度に理不尽さを感じていたことから、雇用政策に興味を持ち始めました。法政大学大学院にある政策創造研究科で研究できることを知り、共著者（石山）のゼミに入ることを決めました。

この選択が将来につながるのかまったくわからず挑戦的な決断ではありましたが、迷いながらも興味の赴くままに進む決意を固めました。大学院という未知の世界に不安はありましたが、今につながると思えば間違った選択ではなかったのかもしれません。現時点では結果はまだ見えていませんが、キャリアの選択肢は広がっているように感じています。そして幸運なことに、家族を始め周囲の人たちは筆者の選択を支持してくれました。

⑥「キャリアブレイク」という言葉を見つけて

大学院が何をするところなのかもよくわからぬまま、研究のネタ探しが始まりました。非正規雇用をテーマにするか、仕事で携わっている職業訓練をテーマにするか、面白そうなものはないか、と探していました。ところが学び続けるうちに、修士論文では、研究による理論の発展や社会への貢献が求められることがわかってきました。そんな壮大なことが本当にできるのだろうかと思いながら、研究の現状を知るためにはすでに発表されている論文を読むしかありませんでした。

女性の働き方に関する論文を読んでいるうちに、結婚や出産での就業中断をテーマにした論文が多いことに気づきました。その中で、仕事を辞めている期間を「空白期間」や「ブランク」と表現し、その期間は自信を失いやすいという指摘がされていたのです。経験者として、その指摘は事実を反映していると感じながらも、一方で違和感も覚えていました。確かに離職期間を経験することで自信を喪失している人もいましたが、筆者の周囲には、新たな道を切り開き、前向きに楽しそうに仕事をしている人もいたからです。

その時期に、ある論文[2]の中に「キャリアブレイク」という言葉を見つけました。離職期間は人生において仕事以外の「異なる経験をした」期間と述べられていたのです。その時から筆者や周りにいる人たちが経験した離職期間は、「ブランク」や「空白期間」ではなく、「なにかしらの意味のある期間」だったのではないかと思い始めました。

そこで当時指導教授だった石山に、こんなことを研究したいと伝えると「それは面白い研究になるかもしれない」と言われました。やっと修士論文のテーマが見つかったことに、大きな安堵を覚えました。

⑦「キャリアブレイク」の研究を始める

ブランクや空白期間ではない離職期間が存在するかもしれないと考えた筆者は、その実態を探るためにインタビュー調査を実施することにしました。ただし、「キャリアブレイク」は空白期間やブランクとは異なることが明らかになりましたが、具体的にどのような人に話を聞くべきなのか、明確ではありませんでした。

そのためにも、ブランクや空白期間とは異なる離職期間を明確に定義する必要がありました。日本では、安定した長期雇用が尊重されており、離職期間を経験することで自信を失いやすい傾向にあります。しかし、そのような期間が、ブランクや空白期間を意味するのではなく、離職期間を経験したことで自信を高め、新たな可能性を見出した期間であるならば、「なにかしらの意味のある期間」として、それを「キャリアブレイク」と呼ぶことができるかもしれない。それならばそういう経験をした人を対象にインタビューを行えば良いのではないか。石山やゼミのメンバーたちに相談しながら、自分なりの仮説を立て調査を進めました。その結果として、第1章でも述べたように、キャリアブレイクを以下のように定義しました。

「育児、介護、体調不良、転職準備などあらゆる理由で、職業もしくは所属する会社から離職している期

間であり、休職は含まれない。ただし、離職期間の経験が自己効力感を高めるものであり、その後のキャリアに役に立ったと本人が主観的に認知している場合に限る」

ちなみに、筆者がこの研究を紹介した際に、休職を経験された方からも共感の声をいただきました。2016年の定義では休職を除外していましたが実際には、休職時にも同様の経験をしていることが考えられます。

2　キャリアブレイクを支える理論

本章のキャリアブレイクは、再就職を目指す女性に焦点を当てています。これまで女性の就業中断は多くの注目を集め、研究が積み重ねられてきました。このテーマに特化することで、幅広い層のキャリアブレイクに関する洞察を深めることができると考えています。ここからは、「離職期間」と2016年版のキャリアブレイクを支える理論である「転機」と「自己効力感」について説明します。

①　本章における用語の定義

ここでは、本章で使用する用語「離職」、「離職期間」、「転機」について定義します。

まずは、「離職」の定義を述べます。ここでは、職業もしくは所属する会社から離れることを指すこととし

表 3-1　本章で使用する用語の定義

離職	職業もしくは所属する会社から失業もしくは退職することによって離れることであり、休職は含まれない
離職期間	離職してから再就業するまでの期間
転機	転機は一時点における単発の出来事ではなく、一連の出来事から成る過程である（※）

出所）筆者作成
注）大久保（1989），p.157

ます。また、休職のように戻る場所が明確な場合と、そうでない場合では、対象者の意識が異なると考えられます。そこで、本章での「離職」は、「**職業もしくは所属する会社から失業もしくは退職することによって離れることであり、休職は含まれない**」と独自に定義します。

次に、「離職期間」の定義を述べます。上述した「離職」の定義を踏まえ、本章の「離職期間」は「**離職してから再就業するまでの期間**」とします。なお、離職期間は、社会活動に参加することや学生になるといったことで終わりをむかえる場合があります。しかし、今回は離職女性が自信の低下から再就職を希望しても叶えられないといった問題[3]に焦点を当てることとし、再就職するまでを離職期間としました。

最後に、「転機」の定義を述べます（表3-1）。ウィリアム・ブリッジズ[4]は、転機を示すトランジション理論において、「終わり」、「ニュートラルゾーン」、「始まり」という一定のプロセスがあることを明らかにしています。ローレンス・ブラマーも「転機の過程・段階モデル」[5]というプロセスの存在を明らかにしています。日本の研究では、社会学の観点[6]や心理療法の観点[7]から転機のプロセスについて言及されています。本章では「離職期間」を転機の1つと捉えていますが、離職期間中の意識と行動の変容にも一定のプロセスがあることが考えられます。そこで、「転機」は、一時点の出来事ではなく、プロセスであると考え、大久保孝治が示す「転機」の定義「**転機は一時点における単発の出来事ではなく、一連**

の出来事から成る過程である」[8]を引用します。

② 離職期間のプロセス

離職期間ついては、一定のプロセスがあることが明らかになっています。ここからは離職者が、その期間にどのようなプロセスを経ているのか、専業主婦、中高年層、若年層など異なる属性を対象とした研究を紹介します。

◆専業主婦の再就職プロセス

専業主婦に関しては、再就職を実現させるために必要な7つのステップ[9]が明らかになっています（図3−1）。

「ステップ1：復職するかどうかを決める」では、キャリアを築いてきた女性が家事や育児に専念する中で、社会から切り離されたような疎外感を感じる時期。配偶者や子どもへの影響も考えながら再び有償労働の世界へ戻るかどうするかを決める時期です。

「ステップ2：自信を持つ」では、働いていない間に自分のスキルが陳腐化していると感じることや、育児や家事の両立の難しさ、労働市場に自分の居場所が無いように感じ、再就職に対するハードルが高くなっている時期です。

「ステップ3：自分にあった仕事や業界を見つけ適職を探る」では、これまでの仕事経験や家事やボランティアといった仕事以外の経験も棚卸し、自分にあった働き方を探ります。

図 3-1　専業主婦が再就職を実現させるためのステップ

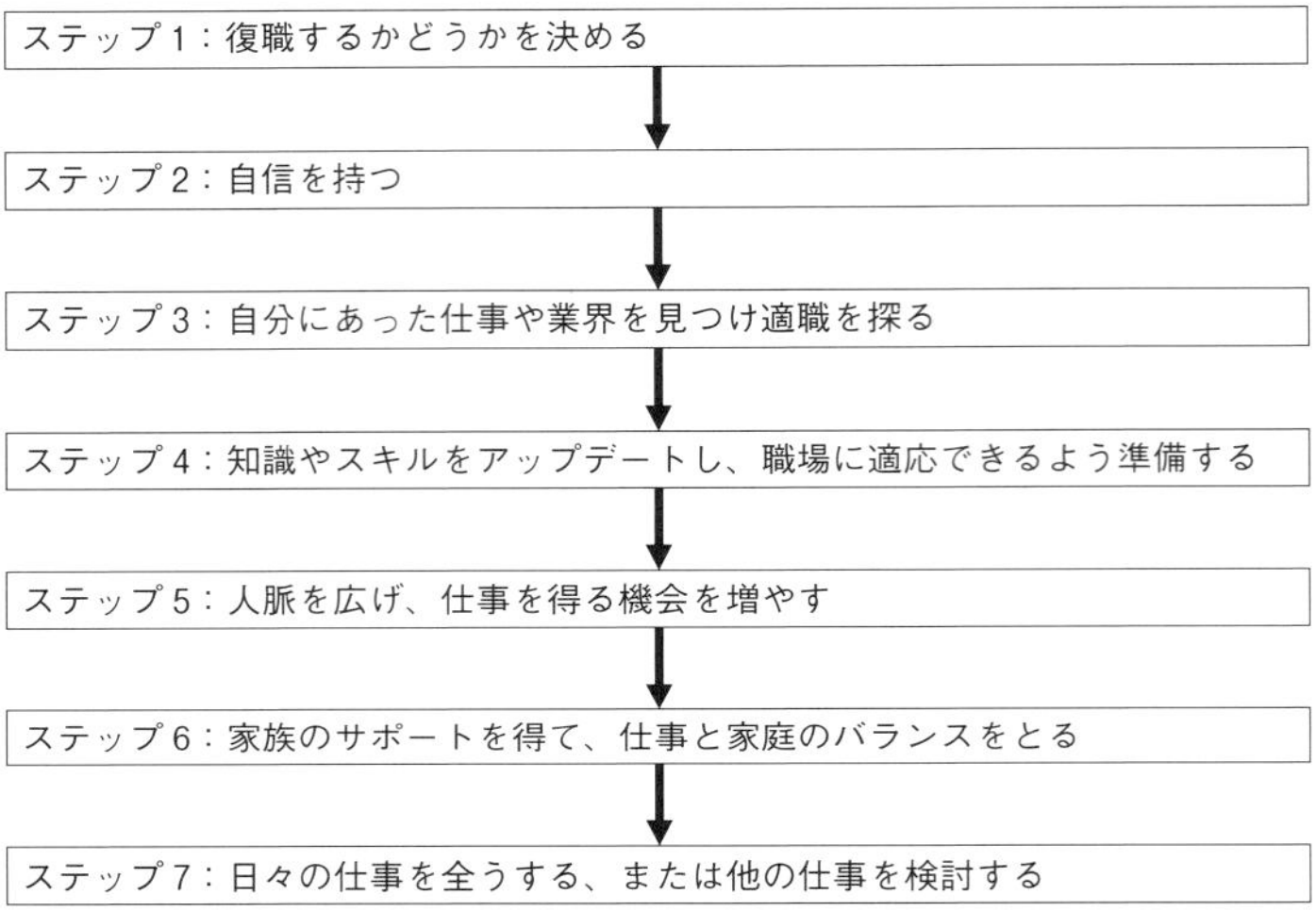

出所）Cohen, F, C., & Vivian, S, R.（2008）*Back on the Career Track: A Guide for Stay-at-Home Moms Who Want to Return to Work.*［Kindle DX version］. Retrieved from Amazon.com. Patr1, Chapter 1 から Chapter 7 をもとに筆者作成

「ステップ4：知識やスキルをアップデートし、職場に適応できるよう準備する」では、新聞の閲覧や勉強会への参加、資格の取得で意欲を示すなど、学びなおすことでスキルや自信を向上させ、就職に向けた具体的な準備をします。

「ステップ5：人脈を広げ、仕事を得る機会を増やす」では、昔の同僚や友人の友人など弱い絆や転職サービスを利用することで再就業の可能性を高めることを示しています。

「ステップ6：家族のサポートを得て、仕事と家庭のバランスをとる」では、夫や子どもに協力を得て、仕事と家庭の調整を試みることを示しています。

「ステップ7：日々の仕事を全うする、または他の仕事を検討する」では、家庭や仕事などの状況に応じ元の職場へ復帰するのか新しい領域へ進むのかを検討します。

図 3-2　非自発的な離職による中高年男性の失業体験過程の仮説モデル（移行ステージと認知的対処）

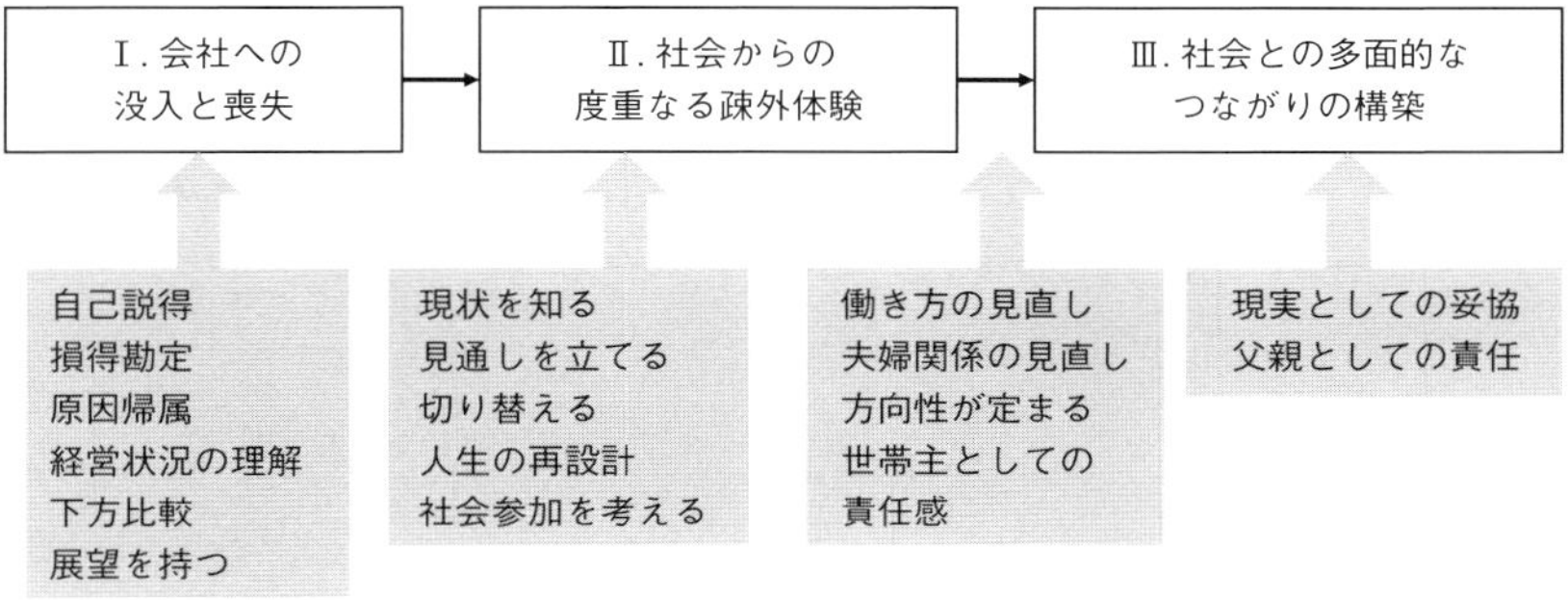

出所）高橋美保（2010）『中高年の失業体験と心理的援助：失業者を社会につなぐために』ミネルヴァ書房, p.172 をもとに筆者作成

◆中高年層に焦点を当てたプロセス

中高年層に焦点を当てた失業時の一連の研究でも、再就職までに一定のプロセスがあることが明らかになっています。

失業を対象の喪失と捉え、再就職支援会社を利用する失業者の語りでは、失業時の危機や転機のプロセスを明らかにしています。語りの結果、失業時には、「予兆」、「後ろ向き」、「低空飛行」、「前向き」という一定のプロセスがあることがわかりました[10]。

非自発的な離職に限定した中高年男性の失業の体験過程では、移行モデルとして3つのステージがあるという仮説モデルが示されています[11]（図3－2）。第1ステージの「会社への没入と喪失」は、「**会社との関係の深まりとリストラによる会社との繋がりの喪失**」と定義され、家庭を犠牲にして仕事に没入しながらも、自らリストラの対象となり、葛藤し仕事を喪失していく様子が見られました。第2ステージの「社会からの度重なる疎外体験」は、「**失業により生活の諸相において社会から疎外される体験を重ねること**」と定義され、失業したことで世間から無職者として扱われる体験から、無職者を排除する社会システムに気づいていました。第3ステージの「社会との多面的なつながりの構

図3-3　若年者における失業体験のプロセス

1. 精神的健康を低下させるストレスからの解放

↓

2. 就職のためのレディネスを高めるための休息期間
・休息によるレディネスを高める期間
・個人の興味関心に自由時間を費やす期間（女性のみ）

↓

3. 就職に必要なスキルを高める準備期間

↓

4. 生活習慣の変化
・ポジティブな生活変化：健康的な生活習慣への変化
・ネガティブな生活変化：喫煙の増加、不眠など

出所）鬼頭愛子（2016）「若年者における失業体験が精神的健康に及ぼす影響［全文の要約］」北海道大学医学研究科（医学専攻）博士後期課程（学位論文）をもとに筆者作成

築」は、**「会社での就労の有無にかかわらず、これまでとは違った働き方により、社会と多面的に繋がりを持つこと」**と定義され、働き方が変わっても再び働けることの喜びを感じ、仕事は生活の一部となり、多面的な人間関係を築いていました。

また、再就職支援会社で支援を受けている精神疾患を抱えた中高年男性失業者が失業をどのように体験しているのかという実態も明らかにされています[12]。調査対象者は、精神疾患の発症を契機にリストラ宣告を受け、「覚悟と不安を抱えながらの再就職の準備」、「再発への不安と再就職実現とのジレンマ」、「限られたソーシャルサポートの支え」というプロセスを経て、直面する厳しい現実を受け入れていくというモデルが示されました。

◆若年者層のプロセス

若年者の失業体験のプロセスの研究もあります。「精神的健康を低下させるストレスからの解放」、「就職のためのレディネスを高めるための休息期間」、「就職に必要なスキルを高める準備期間」、「生活習慣の変化」といった一定のプロセスがありました[13]（図3-3）。

失業体験は辛いものではなく、スキルの向上や生活習慣を改善するための期間として肯定的に受け止められ

ており、くわえて、就職のためのレディネスを高めるための休息期間は、女性だけが、個人の興味関心に自由時間を費やす期間になることが明らかになっています。

表3－2では、離職期間のプロセスの主な研究を一覧にまとめました。

◆まとめ――離職期間のプロセス

ここまで、専業主婦、中高年者層、若年者層などを対象に、離職期間のプロセスを紹介しました。それぞれの相違点と共通点がありました。

相違点としては、専業主婦の場合は、所属感の喪失や焦燥感から自信の回復までのプロセス、中高年層は失業による喪失感や社会からの疎外感を感じながら、アイデンティティの再構築を迫られるプロセス、若年失業者はストレス解放から就職のための準備期間、生活習慣の改善までのプロセスという内容に違いがありました。

共通点としては、対象者たちは初期の段階では不安や葛藤を抱えながらも、次の段階への準備段階と捉え、スキルの向上や自分の求めているものを追求したり、周囲の人に助けられたり、多様な人間関係の広がりを経験していました。離職期間は、単に「離職してから再就業するまでの期間」でなく、自分や他者への理解を深め、新たな働き方や生き方を模索する期間であることが考えられます。離職することが意図的でもそうでなくても、時間ができたことで、様々なことを考える機会になっていたのかもしれません。

この期間をただの「離職期間」と一言でまとめるには無理があるように感じています。そのため、先行研究を参考にしながら、より包括的で正確な表現を模索しました。その結果、「キャリアブレイク」という言葉がこれらの多様な側面を反映するのに適していると判断しました。ただし、ここまでは離職期間の要素を検討しただけにすぎません。

表 3-2　離職期間のプロセスの主な研究一覧

先行研究		プロセス
専業主婦が再就職を実現させるためのプロセス（※1）		ステップ1：復職するかどうかを決める ステップ2：自信を持つ ステップ3：自分にあった仕事や業界を見つけ適職を探る ステップ4：知識やスキルをアップデートし、職場に適応できるよう準備する ステップ5：人脈を広げ、仕事を得る機会を増やす ステップ6：家族のサポートを得て、仕事と家庭のバランスをとる ステップ7：日々の仕事を全うする、または他の仕事を検討する
中高年者層	失業時の転機プロセス（※2）	予兆→後ろ向き→低空飛行→前向き
中高年者層	非自発的な離職による中高年男性の失業体験過程の仮説モデル（※3）	ステージⅠ．会社への没入と喪失 ステージⅡ．社会からの度重なる疎外体験 ステージⅢ．社会との多面的なつながりの構築
中高年者層	再就職支援会社で支援を受けている精神疾患を抱えた中高年男性失業者のプロセス（※4）	1. 覚悟と不安を抱えながらの再就職の準備 2. 再発への不安と再就職実現とのジレンマ 3. 限られたソーシャルサポートの支え
若年者における失業体験のプロセス（※5）		1．精神的健康を低下させるストレスからの解放 2．就職のためのレディネスを高めるための休息期間 ・休息によるレディネスを高める期間 ・個人の興味関心に自由時間を費やす期間（女性のみ） 3．就職に必要なスキルを高める準備期間 4．生活習慣の変化 ・ポジティブな生活変化：健康的な生活習慣への変化 ・ネガティブな生活変化：喫煙の増加、不眠など

出所）先行研究をもとに筆者作成
注 1）Cohen, F, C., & Vivian, S, R.（2008）
注 2）廣川（2006）
注 3）高橋（2010）
注 4）馬場他（2013）
注 5）鬼頭（2016）

次に、キャリアブレイクを支える理論として、転機について解説していきます。

③　キャリアブレイクと転機

杉浦健教授は転機について「自分や他者の見方を大きく転換させ、時には世界をまったく異なった視点から見ることができるようになります。そのような大きな転換」[14]と説明しています。筆者自身のキャリアブレイク経験も、まさに人生の転機でした。同様に、修士論文でインタビューした女性たちも、キャリアブレイクを通じて人生を見つめなおし、新たな道を模索していました。

就業中断を経験した中高年期の女性は、他者との交流を伴う能力開発に対して意欲的であるとされています[15]。これは、就業中断からの復帰やキャリアの再構築を目指す過程が転機となり、学習や交流を促進する機会となる可能性が示されています。

転機は、視点の転換や新たな方向性の展望、成長の機会という側面が見られます。これらのことからも、転機とキャリアブレイクには多くの共通点があると考えられます。

◆転機のプロセス

転機のプロセスに関する研究は、個人の変化と進化について重要な段階を明らかにしています。ここでは、ブリッジズのトランジションモデル、ブラマーの段階モデル、杉浦の転機の分析について紹介します。

図3-4　ブリッジズのトランジションモデル

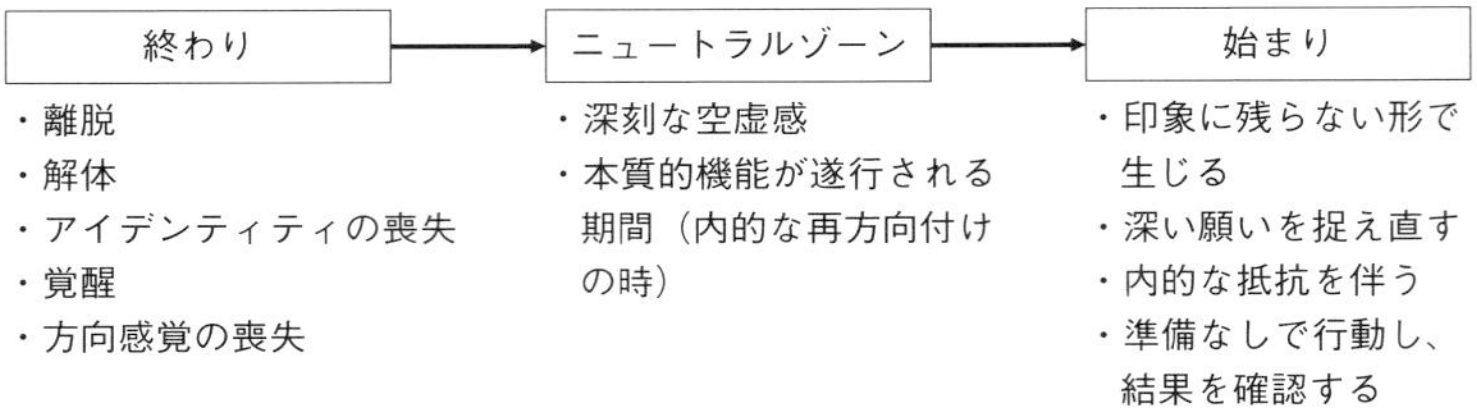

出所）Bridges,W.（1980）*Transition: making sense of life's changes.* Boston: Addison-Wesley.（倉光修・小林哲郎訳『トランジション人生の転機』創元社 , 1994), pp.157-253をもとに筆者作成

◆ブリッジズのトランジションモデル

ブリッジズのトランジションモデル[16]では、転機を「終わり」、「ニュートラルゾーン」、「始まり」の三段階に分類しています（図3－4）。トランジションモデルで説明している転機には離脱やアイデンティティの喪失のような感覚に陥る「終わり」、空白期間で深刻な空虚感を体験する「ニュートラルゾーン」、次の段階に向け具体的に行動する「始まり」というプロセスがあることを明らかにしています。

特に「ニュートラルゾーン」が重要な期間であるといい、この時期は空虚感を素直に受け止め、次の段階への準備期間とすることを推奨しています。「始まり」の段階では、とりあえず行動してみることの大切さを示していました。

◆ブラマーの段階モデル

ブラマーは、転機のプロセスを6つのクリティカルポイントに分け、それぞれの段階での個人の自己助力の方法とカウンセリングのアプローチを提案しています[17]。転機のクリティカルポイントとは「重大な転換点」を意味し、個人が転機を乗り越えるための具体的な戦略が提示されます（図3－5）。

◆杉浦の転機のプロセス分析

杉浦の研究では、ブリッジズ、ブラマー等、転機のプロセスについて論じている複数の研究を分析しています[18]（図3－6）。その結果を「転機の始まり」、「空白の期間」、「変わる時、変わる瞬間」という3つの段階に分けて説明しています。この分類により、個人が変化をどのように経験し、それに適応し、新しい自己を発見していく過程を明らかにしています。

◆まとめ――転機のプロセス

ここまで、ブリッジズのトランジションモデル、ブラマーの段階モデル、杉浦の転機の分析について紹介しました。これらのモデルは、いずれも転機にはプロセスがあり、各段階に特有の課題が存在することを明らかにしています[19]。これにより、人々が転換期を経てどのように変化するかを理解することができます。

離職期間は、これらの転機のプロセスと共通する特性を持つことがわかります。たとえば、転機の始まりは、前の出来事の終わりが新たな始まりであると述べていますが、これは仕事を辞める行為と一致します。また、その後のアイデンティティの喪失やうつ、絶望といった深刻な段階[20]も離職期間にも見られる現象です。しかし、離職期間を前向きに捉え、準備期間として利用する様子も見られました[21]。これらのことから離職期間特有の転機のプロセスがあることも推察されます。

次に、キャリアブレイクを支える理論として、自己効力感について解説していきます。

図 3-5　ブラマーの転機の過程・段階モデル

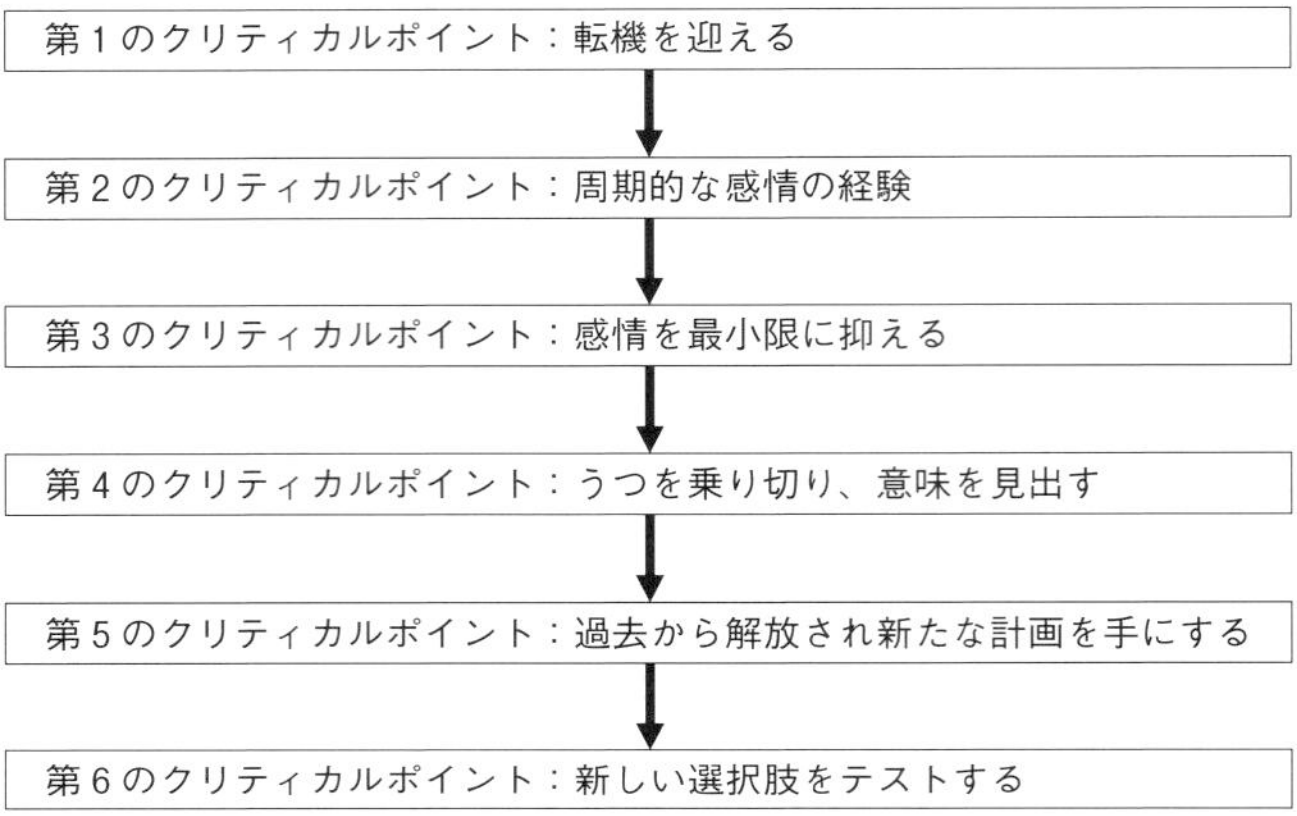

出所）Brammer,M,L.（1991）*How to cope with life transitions: the challenge of personal change.* New York : Hemisphere Pub.Corp.（楡木満生・森田明子訳『人生のターニングポイント』ブレーン出版, 1994), 邦訳書 pp.45-91 をもとに筆者作成

図 3-6　杉浦の転機のプロセス分析

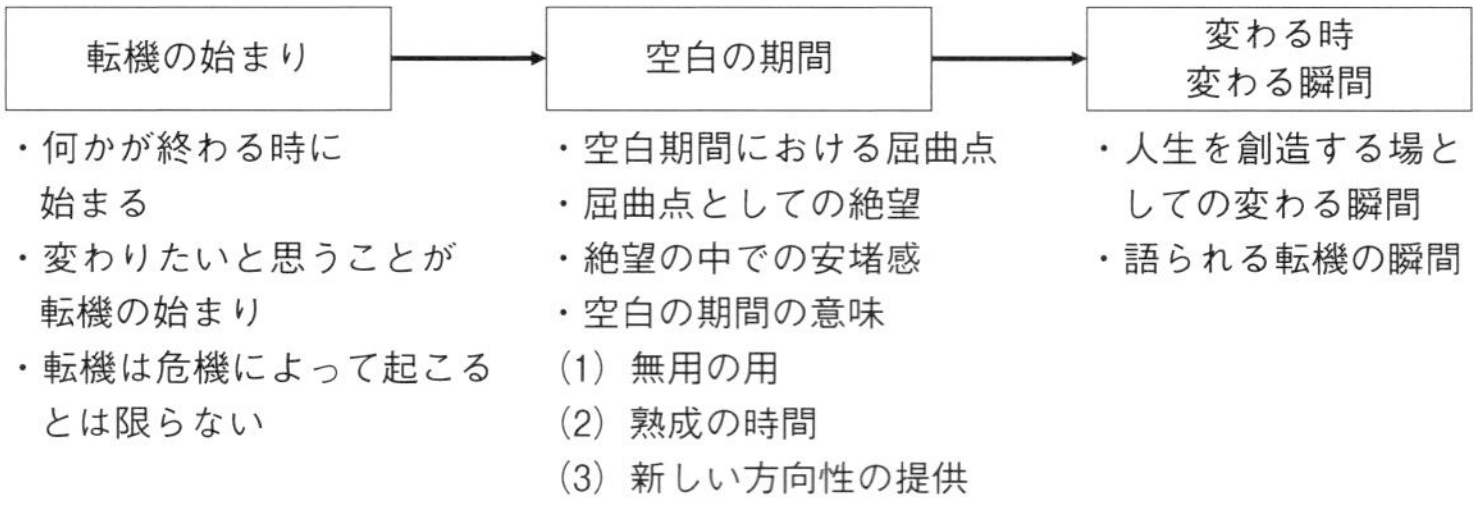

出所）杉浦健（2004）『転機の心理学』ナカニシヤ出版, pp.53-70 をもとに筆者作成

図 3-7　効力予期と結果期待

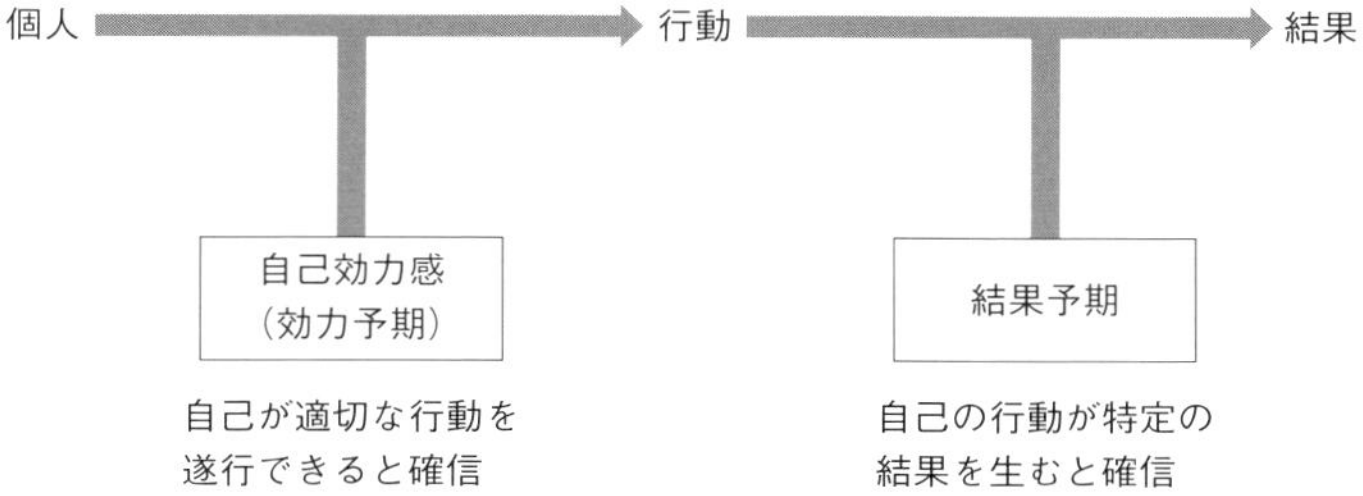

出所）Bandura, A.（1977）*Social learning theory.* Upper Saddle River, : Prentice-Hall, Inc.（原野広太郎監訳『社会的学習理論：人間理解と教育の基礎』金子書房, 1979）, p.193 をもとに筆者作成

④　キャリアブレイクと自己効力感

従来、離職期間は「空白期間」や「ブランク」と表現され、その経験が自信の低下につながるとされてきました。上述のとおり、特に専業主婦の場合、自信の低下がプロセスの中でも見られましたが、それ以外のケースでも、喪失感や不安感から自信が低下している可能性があります。

２０１６年に提示されたキャリアブレイクの定義は、離職期間の経験が自己効力感を向上させることに焦点を当てています。この観点から、筆者の修士論文でインタビューした女性たちは、「離職期間において自己効力感を向上させた人」という基準で選定しました。

◆自己効力感とは

自己効力感は、アルバート・バンデューラによって提唱された概念で、必要な行動を成功裏に遂行できるという信念を意味します[22]。具体的には「**特定の成果を生み出すための一連の行動を体系化し、実行する能力**」と定義しています（図３－７）。

その後、バンデューラは、社会的学習理論において、行動を促す２つの要因として「結果予期」と「効力予期」を挙げ、後者を自己効力感として重視しています［23］。結果予期は自分の行動がどのような結果をもたらすかについての予測であり、効力予期は自分が適切な行動を取れるかどうかに関する信念で、これが自己効力感に該当します。

自己効力感については、「非常に困難な問題を解決しなければならない状況下であっても、それに積極的に取り組もうという意欲を生む鍵である」［24］という説明もあります。この説明は、自己効力感が困難な状況でも前向きに行動するための重要な要素であることを示しています。また、自信とは危機を乗り越えることによってのみ獲得できるという指摘があり、多くの研究者は自信と自己効力感を密接に関連する概念［25］と考えています。

◆失業による自己効力感の低下

失業による金銭以外の喪失に着目すると、離職者が「過去の自分自身」、「健康」等とともに「自信」を喪失することが示されています［26］。特に、非自発的な離職は、リストラ経験により自尊心が傷つけられ自信の喪失感が強くなるといいます。また、離職した女性も、社会からの疎外感や無力感、家族や周囲に対する負い目などの心理的ダメージによって、自己効力感の低下を経験しています［27］。失業による自己効力感の低下は無力感を引き起こし、再就職への信念を弱めることが推察されています。

さらに、失業の心理的影響に関する研究からは、社会からの疎外感や周囲に対する負い目、自分に対する屈辱感などが指摘されています［28］。

このようなことからも、職を失う経験は自己効力感に深刻な影響を与え、キャリアの回復や発展のプロセスの重要な課題となることが考えられます。

◆離職期間の長さと自己効力感

自己効力感については、失業期間が長いほど、自己効力感が低くなり、自己効力感が低いほど、失業期間が長期化する傾向にあることが明らかになっています[29]。ある調査[30]では、離職期間が長い女性ほど、働くスキルに対する自信が低下していることが示されました。また自己効力感が低い人は、健康不調を理由に失業期間が2倍に延びるという報告もあります[31]。

これらの結果からは、離職期間の長さが自己効力感の低下を引き起こしているのか、自己効力感の低下が離職期間を長くしているのか因果関係は明らかになっていません。しかし、離職期間の長さと自己効力感の低下の間には何らかの関係があることが考えられます。

◆求職活動・再就職と自己効力感

失業者は、求職活動を通じて自己効力感を高めることができることが知られています。たとえば、成功者の行動をビデオで視聴した後、それについて討論することやロールプレイングが効果的であることが報告されています[32]。福祉や保育の分野では、就労支援プログラムが参加者の再就職や転職に向けた自己効力感の向上に役立つことが示されています[33]。さらに、実際に再就職した場合にも自己効力感が向上することが報告されています[34]。

◆自己効力感向上による効果

自己効力感の変化は、行動の変化に強く影響すると言われています[35]。具体的には、自信が増すと課題を成功させる率が上がり、目標を達成するために一生懸命努力するようになると言われています[36]（図3－8）。

図3-8 自己効力感の向上により得られる効果

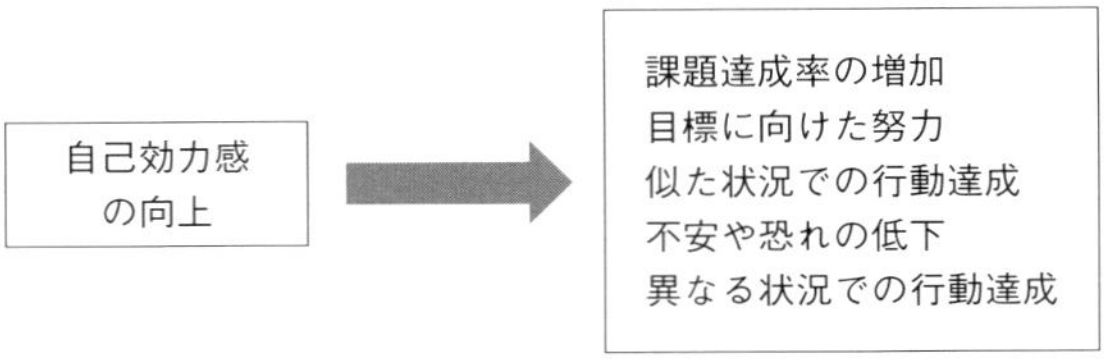

出所）江本リナ（2000）「自己効力感の概念分析」『日本看護科学会誌』*20*(2), pp.39-45、Hackett, G., Betz, N. E., O'Halloran, M. S., & Romac, D. S.（1990）Effects "verbal and mathematics task performance on task and career self-efficacy and interest," *Journal of Counseling Psychology*, *37*(2), pp.169-177 をもとに筆者作成

また、同じような状況での行動が向上し、不安や恐れが減少する効果があるとされています[37]。一方で、言語の課題に対する自信が増すと、数学の課題に対する自信も高まるという異なる状況での行動の向上も報告されています[38]。

◆まとめ：自己効力感

ここまで、離職期間と自己効力感に関する研究について紹介しました。これらの研究によれば、失業は自己効力感を低下させることが明らかになっています[39]。雇用状態と自己効力感は相互に作用しあい[40]、低下した自己効力感は教育訓練や再就職によって回復するとされています[41]。さらに、自己効力感の向上は、課題を成功させる確率を高め、目標達成に向けた努力など行動の変化にも影響を及ぼしていました[42]。

離職期間は自己探求や新たなキャリア構築の機会となると考えています。筆者の離職期間も周囲から取り残された感覚や自己価値の喪失を感じることもありましたが、それは新しい一歩を踏み出すきっかけにもなりました。インターネットで情報を調べる、将来の希望について家族や友人と話すなど、小さな行動が次のキャリア展開へとつながりました。

キャリアブレイクは、自信を取り戻す貴重な機会になるでしょう。それまでと違う経験をすることで得られる達成感や人とのつながり、視野の拡大が自信を取り戻す手助けになると考えます。その際に大切なのは、まずは行動すること、小さな一歩が大切なのではないかと、筆者は思うのです。

3 第3章まとめ

本章では、「離職期間」について論じた後、キャリアブレイクの理論的背景として「転機」と「自己効力感」に焦点を当てました。離職期間は、これまで「空白期間」や「ブランク」と捉えられがちでしたが、本章ではこの期間をキャリアブレイクとして捉えなおしました。この視点は、離職期間が個人の成長と発展の機会として価値づけることを可能にしていると考えます。

まず、「転機」に関する理論では、離職期間が人生の重要な転換点となり得ることが示されていました。このプロセスを通じ、新しい自分を見つけ、キャリアの新しい方向性を模索することが可能となっていました。一方、「自己効力感」に関する研究では、求職活動や再就職の成功に重要な役割を果たし、行動の変化を促していることがわかりました。

本章では、キャリアブレイクを「ワークキャリア」の一環として捉えることで、離職期間が個人の自己効力感に与える影響について検討しました。しかし、第1章でも述べているように、キャリアの概念は仕事に限定されるものではありません。筆者がキャリアブレイクの調査を始めてから10年が経ちました。この間に働き方や生き方は大きく変化しました。特にオンライン技術の進展は、時間や場所を選ばず学びや仕事ができる環境をつくり出しています。また、体調不良時に無理せず休める文化が浸透したことや多拠点生活やコミュニティとの結びつきを重視する考えが広がったことは、10年前の筆者には想像もつかないことでした。

一方で、日本における終身雇用の価値観は依然として強いのではないかと感じます。この考えは否定されるものではありませんが、それが当たり前とされる文化の中で、生き方や働き方の選択肢が限られていることには窮屈さを感じることがあります。予測不可能と言われる現代では、離職期間をブランクではなく、「キャリアブレイク」として捉えなおすことの重要性が増していると考えています。

この点において、共著者（北野）の取り組みは、研究にとどまらず、具体的なアプローチを通じてキャリアブレイクの概念を実社会に広めています。このような取り組みがより広く認識されることで、働き方や生き方の選択肢が増えることを筆者は願っています。

［1］片岡亜紀子（2021）「女性の離職期間における自己効力感向上のプロセス：転機の解釈と地域のサードプレイスがはたす役割」法政大学大学院政策創造研究科（政策創造専攻）博士後期課程（学位論文）。

［2］前掲論文　福沢（2009）。

［3］矢口悦子（2004）「生涯学習体験と女性のキャリア形成」『女性のキャリア形成支援に関する調査研究報告書』9−16頁、羽田野慶子（2007）「女性のキャリア形成に関する調査研究」『国立女性教育会館研究ジャーナル』*11*、103−112頁、および前掲論文　福沢（2009）に基づく。

［4］前掲書　Bridges (1980).

［5］Brammer, M. L. (1991). *How to cope with life transitions: the challenge of personal change*. Pub. Corp.（楡木満生・森田明子訳『人生のターニングポイント：転機をいかに乗りこえるか』ブレーン出版、1994年）

［6］大久保孝治（1989）「生活史における転機の研究：『私の転機』（朝日新聞連載）を素材として」『社会学年誌』*30*、155−171頁。

［7］鈴木知準（1964）「森田療法における転機」望月衛編『転機：人生の岐路』誠信書房。

［8］前掲論文　大久保（1989）、157頁。

［9］Cohen, F. C. & Vivian, S. R. (2008). *Back on the Career Track: A Guide for Stay-at-Home Moms Who Want to Return to Work*. [Kindle DX version]. Retrieved from Amazon. com.

[10] 廣川進（２００６）『失業のキャリアカウンセリング：再就職支援の現場から』金剛出版。
[11] 高橋美保（２０１０）『中高年の失業体験と心理的援助：失業者を社会につなぐために』ミネルヴァ書房。
[12] 馬場洋介・庄田直美・嶋田陽介・新田泰生（２０１３）「再就職支援会社で支援を受けている精神疾患を抱えた中高年男性失業者の失業体験」『心理相談研究：神奈川大学心理相談センター紀要』*4*、１０９−１２６頁。
[13] 鬼頭愛子（２０１６）「若年者における失業体験が精神的健康に及ぼす影響」北海道大学医学研究科（医学専攻）博士後期課程（学位論文）。
[14] 杉浦健（２００４）『転機の心理学』ナカニシヤ出版。
[15] 田上皓大（２０２３）「就業中断女性の女性活躍への道筋：中高年期の女性の自律的・主体的な能力開発意欲に注目して」『日本労働研究雑誌』*65*(11)、88−１０１頁。
[16] 前掲書　Bridges (1980).
[17] 前掲書　Brammer (1991).
[18] 前掲書　杉浦（２００４）。
[19] 前掲書　Bridges (1980)、Brammer (1991)、杉浦（２００４）。
[20] 前掲書　Bridges (1980)、Brammer (1991)、杉浦（２００４）。
[21] 前掲論文　鬼頭（２０１６）。
[22] Bandura, A. (1977). *Social learning theory.* Prentice-Hall.（原野広太郎監訳『社会的学習理論：人間理解と教育の基礎』金子書房、１９７９年）
[23] Bandura, A. (1986). *Social foundations of thought and action : A social cognitive theory.* Prentice Hall.
[24] Eden, D., & Aviram, A. (1993). Self-efficacy training to speed reemployment: Helping people to help themselves. *Journal of Applied Psychology,78* (3), 352-360.
[25] Hill, N. C. (1984). *How to Increase Employee Competence.* McGraw-Hill. House, J. S. (1981). *Work stress and social support.* Addison Wesley Pub. Jung, C. G. (1933). The Stage of life. The Collected Works of C. G. Jung. *Princeton University Press*, 8, 387-403.
[26] 高橋美保（２０１９）「職を失うことによる労働者の非金銭的喪失」『日本労働研究雑誌』*61*(10)、48−57頁。
[27] 前掲論文・矢口（２００４）、羽田野（２００７）、福沢（２００９）。
[28] 林伸二（２０１２ａ）「私は何ができるのだろうか：自己効力（感）の生成と意義(1)」『青山経営論集』*47*(2)、１０７−１３３頁。
[29] 前掲論文　Eden & Aviram (1993).
[30] 大阪府商工労働部（大阪産業経済リサーチセンター）（２０１５）「若年女性の就業意識等に関する調査結果報告書：女性が

輝く社会の実現に向けて」大阪大学監修・執筆『大阪府 資料』、NO１４７。
[31] Zenger, M., Berth, H., Brähler, E. & Stöbel-Richter, Y,（2013）. Health Complaints And Unemployment: The Role of Self-Efficacy in A Prospective Cohort Study. *Journal of Social and Clinical Psychology, 32*（1）, 97-115.
[32] 前掲論文　Eden & Aviram (1993).
[33] 奥田訓子・森和代・代島奈穂子・石川利江（２０１８）「女性のための就労支援プログラムの開発と効果評価について：保健・福祉・保育分野への再就職・転職を目指す女性を対象として『*Journal of Health Psychology Research*』*30*（Special issue）、１２３－１３１頁。
[34] 中島智子（２０１５）「若年者の離職に関する一考察：自己効力感研究の視点から」『商大ビジネスレビュー』*5*⑴、41－70頁。
[35] Bandura, A.（1997）. *Self-Efficacy: The Exercise of Control*. W. H. Freeman and Company.
[36] 江本リナ（２０００）「自己効力感の概念分析」『日本看護科学会誌』*20*⑵、39－45。
[37] 同前論文。
[38] Hackett, G., Betz, N. E., O'Halloran, M. S., & Romac, D. S.（1990）. Effects verbal and mathematics task performance on task and career self-efficacy and interest. *Journal of Counseling Psychology, 37*（2）, 169-177.
[39] 前掲論文　Eden & Aviram (1993).
[40] 林伸二（２０１２b）「私は何ができるのだろうか：自己効力（感）の生成と意義⑵」『青山経営論集』*47*⑶、１０７－１３６頁。
[41] 前掲論文　Eden & Aviram (1993)、奥田他（２０１８）、中島（２０１５）。
[42] 前掲論文　江本（２０００）、Hackett, Betz, O'Halloran, & Romac (1990).

第4章 キャリアブレイク研究所の事例

北野貴大◆KITANO Takahiro

1 キャリアブレイク研究所の設立

2022年10月20日に、「キャリアブレイク」という文化を研究する研究所として、「一般社団法人キャリアブレイク研究所」を設立しました。これからの日本において、キャリアを考えるうえで、このキャリアにブレイクを入れるというメリハリのある文化が社会にうまく接続するのではないかという直観があったのです。

筆者（北野）が「キャリアブレイク」という言葉に出会ったのは、2021年でした。あるwebの記事をたまたま見つけ、興味深く読み進めるとそれは、法政大学の共著者（片岡）の研究論文を引用した記事[1]でした。こんな言葉があるのかと視野が広がったことを今でも覚えています。2年後に、その研究者たちと書籍をつくるとは夢にも思っていませんでした。事実、２０２１年の筆者は、キャリアの業界とはほど遠い、デパートのプロデューサーとして働いていたのです。

キャリアブレイク研究所の代表を担う筆者、北野貴大は研究が背景にある訳ではありませんでした。キャリアブレイクを文化にするためには研究所が必要だという直観はありましたが、研究機関で働いたこともなければ、キャリア関係の仕事をしたこともなかったのです。どちらかというと、デパートという生活者にとても近いところで働いていたおかげで、顧客である働く人たちにまとわりついているキャリアの違和感や閉塞感のようなものだけは、強く感じ取っていたように思います。もっと将来が楽しみになる、かっこいい人生を歩める、そんな社会をつくっていきたいという野心は持っていました。デパートをプロデュースするという仕事を通じて、これから生活者にとってより良い社会をつくっていくために、なにが必要なのだろうということを常々、考えていました。

そんなキャリアブレイク研究所の誕生の説明をするために、少しだけ筆者のキャリアについて説明させていただきたいと思います。

2　人を自由にする「シェアハウス」の研究

筆者は、工学部建築学科で大学へ入学しました。理系で、ものづくりが好きな少年でした。当時は、化学、バイオ、機械、土木などものづくりの学科への進学を検討し、結果的に建築学科に進みました。決め手は、一番、かっこよさそうだったから。筆者の人生は、くよくよ悩む割に、最後は感覚で決めるところがあります。

親譲りでしょうか。

建築の勉強は楽しく、筆者は当時、日本ではまだ新しい住まい方だった「シェアハウス」を対象とした研究や設計に取り組んでいました。これから社会が多様化し、今までの家族形態だけではなく、ひとりで一生を楽しむ人や、子どもをつくらない夫婦、恋愛はしないけど友人たちと暮らしたい大人、離婚をする人、子どもをみんなで育てたい夫婦、などなど、様々な価値観を受け止められる住様式が必要だと考えていました。画一的な住宅ではなく「すべての人が自由に生きる住処」が必要だと思っていたのです。それは福祉的なセーフティーネットという意味ではなく、自由を楽しむ大人がスタンダードになる、そんな夢がありました。その可能性をシェアハウスに感じたのです。筆者がシェアハウスに着目し始めた２００９年頃は、雑誌などで特集されたり、ちょっとおしゃれな人たちがルームシェアしていたり、ムーブメントになる直前のタイミングでした。ただ、形だけが輸入され、質の低い事業者や場当たり的な運営、住人同士のトラブル、またゴミ出しのルールを守らない外国人も散見されました。そういった一部の負の出来事が特筆され、シェアハウスという言葉に非難があったのも事実です。また、海外の様式だと日本に当てはまらなかったり、逆に日本の様式がシェアハウスの良さを殺していたり文化の融合についても、これから、といったところでした。

そこで、この海外からやってきた「シェアハウス」という文化の質を上げていくために、日本での実地調査を通して、論文にまとめました。筆者が書いた論文は一部で評価を受け、雑誌[2]などに掲載されることもありました。今のキャリアブレイクに通じる原体験はここです。今の日本の社会に必要な、世界でスタンダードになっている価値観や文化を見つける。そして、それが起こっている日本の実地を調査することで、価値や誤解や低品質になっている原因を整理し開示し、日本で文化になっていく活動を興す、という流れです。

3 良い社会と経済はつながっていくのか

そんな楽しいシェアハウスの研究とは一転、筆者が大学2年生の時に、東日本大震災が起きました。大きな衝撃でした。被災地にも行きました。筆者が考えているような楽しい住まいとは、異なる、今生きるための建築が必要とされていました。クリエイティブさは、まったくもって無意味でした。砂浜のゴミを拾ったり、漁業用の網を解く作業をしたり、小さなボランティアから始めました。また、建築学生らしく、立ち上がった仮設住宅のちょっとした修繕など、できることをやりました。悲しみにも触れました。今となっても言葉にできないことが沢山あります。

筆者は縁あって、ある仮設住宅が40軒ほど立ち並ぶ仮設団地に長く関わっていました。表札もない、工業的な住まいでした。もちろん、それを批判的に見ている訳ではありません。当時はものすごいスピードで仮設住宅が立ち上がり、それはそれで救いになっていました。復興住宅（ちゃんとした家）が立ち上がるまでの、仮の住まいが仮設住宅です。体育館のような避難所生活から、復興住宅が始まるまでの、少しの間生活する場です。少しの間といっても、数週間の人もいれば、数カ月、数年の人もいました。筆者が担当していた団地は、住宅が40軒ほど整然と並んでいました。隣に誰が住んでいるのかもわからないと言う人もいました。それもそのはず、いろんな場所で被災した人がたまたま集まっているので、その場所自体には縁もゆかりもない人ばかりだったのです。

そこで初めて、建築は竣工してからも続いていくことを実感しました。良い建築をつくろうと思っていたのですが、つくってからの方が長いことにやっと実感を持って気づいたのです。人生は続いていくのです。どんなに嫌なことがあっても、嬉しいことがあっても、続いていく。投げ出したくなっても、死にたいと思っても続いていく。そんなことを改めて実感しました。

筆者は建築を通して、なにをしたら良いのか、まったくわからなくなりました。かっこいい建築をつくりたい。美しい建築をつくりたい。そんな夢があったにもかかわらず、被災地の住宅に関わる中で、どんな建築をつくればいいのか、わからなくなっていました。そんな折に、ちょうど就活時期を迎えました。大企業のビジョンを聞いても何も心に届きませんでした。企業が美しく成長していくように話す事業についても、その事業が必要だと思えませんでした。どうしてそんなに一所懸命に、お金と時間を使って、するべきものなのかわかりませんでした。ひねくれた学生だったと思います。もっと言うと、経済とは何であるのか、わからなくなっていました。

一方で、就職活動を通して、筆者が知らないところで、多くの人とお金が動いていることを知りました。良い建築をつくりたくても、良い施主に会えないとつくれません。仮設住宅などでも国や行政のお金がないと何もできませんでした。今までの筆者は、お金に対して「待ち」の姿勢しか取れていなかったのです。そう思うと、企業がやっている経済活動とやらが、今の自分に足りていないピースなような気もしてきました。敵対視していた経済とは何者なのか。筆者が、学んできたものの対岸にあるように見えている経済。ただ、これなしでは世の中は語れない気がして、今までやってきたこととは大きく異なる、経済的な会社への入社を決めました。

のちに知ったことは「経済」とは「経世済民」の略だったということです。世をおさめ（経め）、民をすくう（済う）という、中国の古典に登場する言葉です。経済とは、民をすくうことであり、それがおさめられている、続いていくという状態を示しているのだと知りました。

4 デパートは世の中の代弁者たれ

いろいろな想いを抱えながら、筆者は2014年にJR西日本グループに新卒で入社しました。JR大阪駅の真上にある「ルクア大阪」という商業施設の担当になり、企画開発の業務に従事します。関東圏でいうと「ルミネ」、「アトレ」、「パルコ」といった商業施設に聞き覚えがあるでしょうか。そういった不動産開発というジャンルの仕事でした。そこにどんなお店がいいかマーケティングし、様々なテナントと商談し入居してもらって商売を始めてもらう。魅力的なテナントが集まると、お客様の買い物も楽しくなり、多くの来場者に恵まれます。筆者が担当しているデパートは、1日で何億と売上が立つようなデパートでした。想定外に仕事は楽しく、のめりこみました。マーケティングをしては、企画を立て、テナントを提案したり、イベントを立案したり、華やかな場を盛り上げる仕事がとても楽しかったのです。実際、周辺のオフィスから仕事帰りの女性が多く訪れ、おしゃれを楽しんだり、デートをしたり、友人と食事をしたり、担当しているデパートが、大阪駅になくてはならない存在だと自負するような気持ちもありました。

入社するまでは、不動産開発とは、街を壊す悪いプレイヤーだと思っていました。チェーン店ばかりを街に呼び込み、個人店やユニークなショップや場所を経済の嵐に巻き込み破壊している。街をどんどん均質化していて、あまり希望はありませんでした。しかしながら、そんなことは筆者の杞憂でしかなく、お客様は驚くほど来店し、感動が起こり、お金が動いていました。そして、チェーン店と一括りにしていたお店たちも、働いている人たちはユニークで、顧客を感動させようと、一所懸命でした。店長をはじめ、アルバイトスタッフまで、目の前のお客様を喜ばせることに、心を遣っていました。企業努力というとそれまでですが、みな、感動をつくるために、多くの知恵と労力を費やしていました。建築の時に学んだ「正しさ」、「社会に良い」とは違う論理で、「楽しい」、「かわいい」といったことが、人間の源泉だと知りました。今まで社会にとって良い建築をつくりたい、と言っても、身内で盛り上がるくらいしかできなかったことと比べると、このデパートを企画運営する中で、社会というものをやっと知ることができたように感じました。

どんなお店に出店してもらうか、どんなイベントを行うのか、すべては、顧客の深層心理を探す旅から始まります。デパートのフロアを見ると、お客様は、かわいいアクセサリーやお洋服、コスメを探し求めています。その姿の先に見たのは、どんよりとした仕事の疲れ、それをリフレッシュしたい気持ち、もっと自分らしく、かわいくなりたい、美しくなりたい、もっと言うと、幸せになりたい。そんな願望があるように感じていました。私は比較的に楽しく働いていましたが、その世の中のどんよりとした疲れと、それを払拭しつつ幸せになりたい、といった「生き方」を模索しているようにも感じました。「世の中の代弁者たれ」。マーケティングの中心にある言葉です。まだ誰も気づいていないけれど、代弁されると衝撃的に刺さる。筆者は、顧客がデパートに物を買いに来ているのではなく、「生き方」を探しに来ているのではないかと仮説を立てました。

そこから、いくつかのお店をつくりました。「ひたすら褒めてくれるほめるＢＡＲ」というＢＡＲや、「ＳＮＳのアイコンをつくってくれるアイコンショップ」というイラストを書いてくれるお店、「お坊さんが愚痴を聞いてくれるお坊さん喫茶」という喫茶店など。いくつかのプロジェクトは大きな反響になり、盛況しました。テレビが来たり、新聞が来たり、海外のメディアも来ました。顧客が生き方を探しているという仮説に、小さな自信が芽生え始めました。

5 人生に立ち止まりたい人の宿

デパートでの仕事がうまくいき始めた2021年に筆者の妻がキャリアブレイクをしました。筆者も妻もまだキャリアブレイクという言葉や文化があるとは知らなかったため、突然、無職になった妻の行動は、筆者にとって奇行そのものでした。「1年、無職を過ごしてみようと思う」。ある夜、散歩の途中に相談されたことを覚えています。

妻は大学を法学部で卒業。新卒で貿易商社に入り、3年目に別の貿易商社に転職。2社目に在籍している社会人6年目の時に、次の仕事を決めずに会社を辞めました。もちろん、最初は3社目に向けて転職活動をしていました。ただ、転職活動をする中で、「このままでいいのだろうか」と、漠然とした不安があったそうです。2社目は、そこまで待遇が悪い会社ではなかったものの、定例的な仕事の中でやりがいや将来への展望について閉塞感があり、キャリアを考え直していました。転職活動も引き続きの貿易商社や英語が活用できる海外の仕事、もともと興味があったアパレルの会社など、視野を広げていました。選考が進んでいるものもありました。ただ、大学卒業後、就職してから働き詰めだったこともあり、ここで一度人生を休みたい、もう少し視野や好奇心を広げてみたいと、転職活動を中断し、無職という選択肢を選んだのです。相談を受けていた筆者も、そんな選択肢もあるのか、と半分、困惑しながらも、当時、デパートのプロデューサーとして感じていた生活者のキャリアの違和感、閉塞感とリンクして、妻の選択肢を見守ることにしました。

そんな風に感じる筆者も、大学の専攻は建築学科でした。建築士の免許も取り、家族や友人も含め建築士になるのであろうと思っていたと思います。ただ、就職活動をする中で、どうしても建築設計の道に進むことに違和感があり、マーケティングの道を歩み始めました。筆者にとっては転機でした。反対もされました。結果的に運良く入った会社で楽しく仕事ができたので、結果論でしかありませんが、あのとき転機をつくれてよかったと思います。一方で、大人になって感じることは、そういった転機に対して、キャリアが不利になったり、周りが賛成してくれなかったり、また転機のノウハウがなかったり、苦労があることを知りました。

当時はキャリアブレイクという言葉も知らなかったため、筆者の妻はかなり変わった選択をしたものだと思っていて、どうすればいいのかわかりませんでした。そんな不安をよそに、妻は旅に出かけたり、畑を借りたり、洋裁を始めたりと、無職を満喫していました。働いていた時の閉塞感が嘘のように、日々が楽しいと朝も早く起きるようになっていました。その好奇心の中からひと際、自身の興味に触れたのがＩＴの世界で、ＩＴエンジニアの学校に通い始めたのです。今は、ＩＴエンジニアとして新しい会社に就職し、正社員として働いています。うまく貯金を使いこなし、自分自身に時間の投資をしたことで、次のキャリアをつくったのです。

この結果を見ると、良い話ばかりのように見えますが、当時は悩みも絶えませんでした。貯金が減る、無職は弱者というレッテルを貼られる、働いている同期などを見ると劣等感に襲われる、本当に次のキャリアが決まるのか不安、などなど、書き始めるとキリがありません。そこで、ある日、悩みを共有し相談できる、同じような境遇の人と話してみたいと思い立ち、ＳＮＳで募集してみました。すると、いたのです。同じようにキャリアブレイクしていた人が。単純に驚きました。しかも２つ隣の駅に住んでいたのです。本当にびっくりしました。その方は24歳の女性で、新卒で入った会社ではノルマなどから、私が私じゃなくなるような感覚に襲われ、一度離れてみようと決断したそうです。心身の回復というよりは、思い切っていろんなことをしてみたい、そんな気分だったようです。とはいえ、キャリアブレイクという言葉はまだ知らなかったようでした。集まったみんなで、こういう生き方はキャリアブレイクというらしい、と、呪文のように唱えて、自分たちを鼓舞していきました。その頃には、法政大学の共著者〔片岡〕のキャリアブレイクに関するweb記事［3］には出会っており、心の支えとなっていました。

同じようにキャリアブレイクをしている仲間がいることを知った筆者たち夫婦は、少し勇気が出ました。逆に、同じようにキャリアブレイクしているものの、心細く過ごしている人たちがいるなら、ぜひうちに来たら楽しくなるかもしれないと思い始めたのです。妻のようにユニークにキャリアをつくっている人たちなら友人になりたい、そんな気持ちで、一軒家だった自宅の1室をキャリアブレイクしている人へ解放しました。「OKAYU HOTEL［4］」と名づけました。風邪をひいた時も、元気な時も、みんなで囲める「おかゆ」にちなみました。おかゆホテルには、ぽつぽつと人が来ました。1人目は、先ほどの2つ隣の駅の女性。2人目は横浜からでした。その後も大阪、福岡、兵庫、千葉と、様々な場所から続けて来てくれました。みな、人生の転機を迎えていたのです。今まで知らなかっただけで、こんなに多くの人がいる、いわゆる、サイレントマジョリティなのではないかと思い始めました。多くの人がキャリアブレイクをしているが、その文化や名前を知らない、また、恥ずかしい選択だと思って黙っている。そんな状況のためか、サイレントマジョリティ＝声なき群衆、と化していたのではないか。筆者はそのサイレントマジョリティの「代弁者」になったのです。

6　社会を指し示すという起業

その頃から、このキャリアブレイクという文化が、日本で定着したら、もっとユニークな人たちがユニークに過ごせるのではないか。そうしたら、巡り巡って筆者の人生がとても楽しくなるのではないか、そんな風に思い始めました。もちろん代弁者になったことについては、マーケティングとしての喜びもありましたが、それ以上に、キャリアブレイクした人たちのユニークさによって、筆者の人生が豊かになっていく喜びの方が大きかったのです。この活動を続けるモチベーションは、社会課題の解決などではなく、筆者自身が楽しくて仕方ないところにあります。自分の人生がより楽しくなりそうな、そんな社会にしていきたい。社会がそうなるのを待つのではなく、自分たちでつくっていきたい。

おかゆホテルを始めて半年が経とうとしていた2022年3月末に筆者は会社を辞めました。何か見えていた訳ではありませんが、この文化活動についてもう少し時間を割きたいと思ったのです。辞めた直後は、会社の有給休暇もあり、全国に旅に出ました。大学で建築を学んでいた時の恩師やずっと会いたかった友人に会いました。旅の先々でキャリアブレイクという文化について、時間を使っていきたい、会社を起こしてみたい、ということを話した覚えがあります。起業といってもなんのビジネスモデルもありませんでした。こんな社会にしていきたい、そんな社会を指し示すようなことしかできない状況だった気がします。

大学時代の恩師は地元の九州に戻っていました。建築設計に進まなかった後ろめたさもありましたが、状況を伝えると今の活動を非常に喜んでくれました。その九州旅行の途中で、とある人に出会いました。その人にも、キャリアブレイクについて話すと、京都に紹介したい友人がいると言われ、ありがたく紹介を受けて、関西に戻ってからお会いしました。すると、その方は、無職と言う状態、キャリアブレイクをとてもおもしろがってくれたのです。直観で、仲間になってくれないかな、当時そんな淡い想いを向けていたのが、今、理事を勤めてくださっている東信史（まっくすさん）です。また、もう1人の理事である卜部小夜子（ハルさん）についても、退職直後に友人から紹介していただきました。おかゆホテルに泊まりに来てくれたある女性が、おすすめの図書室があると教えてくれたのです。それが理事であるハルさんが運営する「あかり図書室[5]」でした。どれも会社を辞めた直後の出来事でした。

法人の設立は、2022年10月20日です。2人の仲間を理事に迎え入れ、3人で設立しました。2人は、「キャリアブレイクを文化にしたい」そういう想いで集まってくれました。改めて2人のことを説明します。

ハルさんは、福祉と民間がまざりあった社会を目指す「合同会社うみのなか商店〔6〕」の代表です。キャリアのスタートは高校の教員で、生徒が卒業したあとに入る社会を知りたいと、いろんな会社の内部を見れる税理士事務所に転職。その後、精神保健福祉士などの資格を取得し、中小企業のメンタルヘルスをサポートする会社を創業。事業の1つである、大阪の本町にある「あかり図書室」は、働く人のサードプレイスとして運営されています。もう1人はまっくすさんです。教育系の広告代理店からNPOなどを経験し、地域のためのシンクタンク「まちしごと総合研究所〔7〕」を創業。認定NPO法人 京都自死・自殺相談センターSotto〔8〕の理事もされています。2人とも起業の経験があり、はじめて起業する筆者を温かくサポートしてくれています。

手放すと入ってくるとは良く言われてきた言葉ではありますが、強く実感しました。キャリアブレイクについても、人生の多くを占める仕事を手放した時、運が良くなったようにいろんな出会いがあると当事者の方たちも教えてくれます。そんな経緯で、理事2人と3人体制で法人を立ち上げることになりました。

7 おもしろい方に人が集まってくる

法人を立ち上げる少し前の2022年6月に、「無職酒場」というポップアップイベントを行いました。発案は理事のまっくすさん。今となっては全国9都府県で20回以上も開催されている名物イベントです。第1回は京都のあるスナックが協力をしてくれました。お酒や食べ物といった飲食代については、無職であれば無料、有職（働いている人）であれば有料、という仕組み。おおよその予想は、無職への炊き出しなのではないか、働いている人がどうしてお金を払いに来るのか、そもそもそんなイベントに誰がくるのか。いろんな予想が飛び交いました。

結果的には、10席ほどのスナックでは到底入りきらないほどの盛況ぶりで、すぐさまサテライト的に別会場が準備されました。そのため、全体はカウントできないものの、夜だけの営業で40～50名ほどの来店がありました。キャリアブレイクを経て無職を人生の転機と感じている方や、就職活動がうまくいかずそこから外に出づらくなってしまったいわゆるひきこもりの方など、無職は7割程度。一方で、会社員をしているものの辞めて放浪してみたい人、夫の転勤で無職になってしまう予定の人、キャリアブレイクという文化に共感してただ飲みに来てくれた人、などが3割程度。お店の10席のうち7席が無職で、無職がマジョリティともなれば、気持ちよくいろんな話ができる。一方で、働いている人も無職の話に興味津々なのです。どうしてキャリアブレイクしたのか、どうやって過ごしているのか、何が楽しくて、何が苦しいのか。キャリアブレイクという生態系に対しての好奇心や憧れから、来店しているようでした。

この仕組みでは、誰かを助けようとしている人は1人もいません。みんな自分のために来店しているのです。ケアや福祉の視点がなく、おもしろそうだから行ってみる、という健康的な場になっているように感じました。結果、このイベントは黒字で幕を下ろしたのです。誰かのために動くことは美徳とされるときもあります。世の中の役に立つということが、素晴らしいということもわかります。ただ、それが上位概念になってしまうと、見返りがないと不満を持つ人もいるし、余計なおせっかいの人もいます。キャリアブレイク中に何かサポートが必要な訳でもないし、よくわからない大人による属人的なアドバイスなんてまったく必要ないので

図 4-1　無職酒場のメインビジュアル

出所）キャリアブレイク研究所

す。そういう面から見ても、おもしろいから集まってくる、という仕組みは健全でした。また、これだけ盛況したのは、おもしろそうだ、という直観が人を動かしたからなのではないでしょうか。ひきこもりだった方も、支援やサポートでは、家を出なかったものの、無職酒場には来たのです。童話「北風と太陽」のようなことが起こっているとも感じました。

　あるインタビューで主催のまっくすさんが、「どうして無職酒場を始めたのですか」、と聞かれていました。その記者に向かって「おもしろそうだったからです」と、爽やかに回答するまっくすさんに対して、すこしキョトンとした記者さんの顔が忘れられません。おもしろいからやることなんて当たり前のはずなのに、いま世の中では、たくさんの説明が必要になっています。社会的な意義や、経済的な意味など、何か、理由がないと動けないようになっています。無職酒場は、そんな固定化された常識を壊してくれています（図4−1）。しかも攻撃的に壊すのではなく、明らかに毎回盛り上がっているあのイベントはなんなんだと、みんなの関心を引き寄せながら壊しているのです。社会を動かすとは、こういうことなのかもしれない、と、筆者たちの軸になったプロジェクトです。

8　ホウレンソウをしない会社

無職酒場の盛況を横目に、法人を立ち上げる準備が進んでいました。会社をつくる時にメンバーは決まっていましたが、何をするかの内容は決まっていませんでした。全員の頭にあったのは、キャリアブレイクを文化にする、という方向性のみ。3人で初めて集まったのは2022年6月24日、オンライン。「文化にするにはどうしたらいいのか」そんな問いから始まりました。みんな各々に、想いを話しました。お金が巡っている状態、コラボが沢山生まれている状態、選択肢として当たり前になっている状態、いろいろな言葉が生まれた中で、結局、必要なことは「おもしろがること」なのではないかと落ち着いたのです。そもそも文化とは、文化にしようと思ってなっていくものなのか。一方で、無職酒場のようにおもしろそうで、魅力的でさえあれば、勝手に文化になっていくと思ったのです。そして、キャリアブレイクにはその価値があると直観していました。誰かのためにキャリアブレイクを文化にするのではなく、この文化にするプロセスが楽しくて仕方ない状態にした方が良いのでは、と感じていました。

「面白い」とは変な漢字を書きます。面（めん）が白い（しろい）と書くのです。改めて辞書で調べると、面とは、「前」のこと。白いとは「明るい」ということ。すなわち、面白いとは、「前が明るい」こと。意訳すると、「将来が明るいこと」、「未来が楽しみなこと」、だそうです。そのとおりだと思いました。筆者たちはキャリアブレイクが文化になることで将来が明るくなると思っていたのです。だからこそ、面白く見えている。一方で、キャリアブレイクが明るい未来に見えていない人もいる。キャリアのブランクと考え、良くないことと塞ぎ込んでしまっている。だからこそ、筆者たちに触れた時、無職酒場に来た時、自分の未来が明るくなるかもしれないと捉えなおし、元気に帰っていっていたのではないでしょうか。筆者たちがするべきことは、誰かをサポートしたり、誰かの人生を支援したりすることではない気がしました。この文化を誰よりもおもしろがり、また、文化にする過程をおもしろがることなのだと、整理しました。

だからこそ、ここから会社としてプロジェクトをする時に、関わってくれた一人ひとり自身がやりたくて仕方ないことをやっていこうと思ったのです。会社自体がやるべきことを決めて、それをみんなに落としていくのではなく、みんながやりたくてしかたないことをやっていく体制がつくれないかと考えました。と、口で言うのは簡単ですが、これが難しい。キャリアブレイクを文化にしたい人は基本的に協力的なので、「やったほうがいいこと」も沢山出てくるのです。もちろん素晴らしいし、一般的な会社では「やった方がいいこと」をやることは美徳かもしれない。筆者たちの法人では、やった方がいいことはやらずに、やりたくて仕方ないことだけを、できるだけやっていきたいと思っています。

そんな方針が決まりつつあった時に、理事の1人が教えてくれたのです。「私はホウレンソウ（報告・連絡・相談）があまり好きではない」と。それを聞いて筆者は、ホウレンソウは、やった方がいいことなので、しないことにした方がよいことかもしれない、と思ったのです。自分のプロジェクトがうまくいったりして、話したくて仕方ない時にだけ話してもらえれば良いと思ったのです。やった方がいいことはしない、という上位概念に包含されているものの、ホウレンソウはしない、というルールがこの時に生まれました。ホウレンソウがなくなって気づいたことは、全員が主体的になったこと。もともと主体的だったメンバーも、筆者に報告や相談が必要なくなったことで、自分で決断し、自分で動いてくれます。そして、その方が、明らかに成果が良い気がしています。そして何よりおもしろい。もともと能力があったメンバーだったので、筆者なんていなくても、もはや、筆者がいない方が成果が上がっています。各会議にも、筆者はどんどん呼ばれなくなっていきました。知らないことだらけです。不安はありません。信頼できるメンバーなのです。

「おもしろがる」というキーワードに加えて、「信じて待つ」という言葉が筆者たちの法人でキーワードになった瞬間です。キャリアブレイクしている人も、無職というレッテルがあるだけで、疑われていたのです。疑われている中で、可能性が花開くはずもありません。筆者たちはおもしろがり、信じて待つ。ただそれだけを行っていく会社になるのだろうと確信しました。

そこから理事2人が1つずつ、自分の想いを形にしたプロジェクトを立ち上げました。キャリアブレイクの情報誌「月刊無職」と、キャリアブレイク中の人が語り合う「むしょく大学」です。

9　自分のためだけに書く「月刊無職」

月刊無職は、理事の1人であるハルさんのアイデアでした。ある会議でハルさんが「月刊無職」をやりたい、と言い出したのです（図4–2）。メンバー全員で、ネーミングがいい、と意見が一致して、プロジェクトがスタートしました。中身は何も決まっていませんでした。ただ、ネーミングがいいと、どうしてか愛着がわいてきます。かわいいのです。プロジェクトが。中身は何をどうやっていくのか、まったく決まっていませんでしたが、全員の愛着だけは高かったです。そこから、少しずつ形になっていきました。

月刊無職は、毎月発刊されるキャリアブレイクの情報誌になりました。ネットで購入し、購入した時に出る

図 4-2　月刊無職の紙面

月刊無職

2023年 8月号

月刊無職とは、無職による無職のための新聞です。一時的な無職によって自分の時間を過ごしている「無職ライター」たちが、自身の経験や考えていることについて情報発信します。この世のどこかで、同じように無職を過ごしている人たちに、この新聞が届きますように。

今月の自己紹介テーマ

キャリアブレイクのきっかけ

私が初めて無職になったのは、もう20年も前のこと。
だけど私はそれを、ずっと引きずっていて。
だから『キャリアブレイク』という考え方と出会って目からウロコだったし、無職大学の集まりにいくつか参加してみて、離職期間を前向きにとらえられる人たちを前に、すごくモヤモヤしている自分がいた。
いいなー、キャリアブレイク。私だって、してみたいのにさ。
なのにどうしたらいいか、ちっとも分からなくてつらいよ。

でも本当は、こうして大いにモヤモヤしてグルグルしている中で、私なりのキャリアブレイクは少しずつ、近づいていたみたい。（すごーく時間がかかったけど）
あかり図書室でハルさんに話を聞いてもらったり、そこで気になる本を借りてきて、読んだり。
キャリアブレイクのために心がけていたのは、話をした後、本を読み終えた後、モヤモヤしちゃったとき、ノートに書き出すことで、自分の想いを確認する時間を取ったこと。
じゃないと、日々はそれなりにやることで忙しく、流れていってしまうから。

そんな中で私は、「怖れ」というキーワードを掘り当てたのだった。

私は立ち止まるのが怖かった。
立ち止まってしまったら、もうダメだと思い込んでいて、いつだってきちんと出社して、生産性の高い人にならないといけないと思っていた。だから、体を壊して離職することになってもすぐ就職活動を始めようとして（履歴書に空白を作っちゃ、いけないんでしょう？）、当時はそれがおかしいことだとも思わなかった。

何もしないのは、×。
どこかに勤めて、きちんと指示をこなし、さらには指示以上のことができるようになって、○。
そうやって何にでも○と×に分けて、ジャッジしては自分を苦しめていた。
苦しいんだけど、そうしないと私の恐れは落ち着かないから。

どう生きていこうかということに、正解は無いはずなんだけど。
だけどそうして答えの出ない問いを抱え続けるのは、ある意味すごくタフなこと。
だから、怖れを取り込みやすいんだろうなと思う。
「怖れ」の仕組みが理解できて、
私のキャリアブレイクは始まったと思う。

恥ずかしいとも後ろめたいとも思わずに
リラックスできるようになることは、
偉大な技術であり、人生の謎めだ。
—アンソニー・セルダン『幸福のむこう側』

＼今月のトピック／
「恐れ」
あやこ
@ayakonishihara_illust
note.com/ayakonishihara

45歳。猫と二人暮らし。趣味はピアノ（趣味だけど本気）、会社員。

41歳の頃、適応障害になり9ヶ月間会社を休職した。今は、同じ会社に復職して働いている。新卒で就職してから約20年も働き続けたのだから、それに比べれば休職期間は短い。でも、休職は私に想像もしなかった変化をもたらした。それは、完全に私の内側で起きたことであり、傍から見たら9ヶ月休んでまた働いただけ。何も変わらないように見えるかもしれない。仕事してスキルアップや成長することを賞賛する社会で、休むことの意義を声高に伝えることは難しい。私も、休職を経験する前までは、休むことの重要性なんて考えたことも無かった。でも今は、休むことも働くことも、どちらも人を成長させるし、生きる力を強くするものだと思っている。

休職して最も変わったのは、自分の心の声を聞くことが上手になったことだ。そもそも、休職するということが、「会社に行きたくない」という自分の気持ちを認めて受け入れることだった。当時は、休職は弱い人間の負け犬行為だと思っており（嫌な奴！）、働けない、強くない自分を嫌悪し、また周りの人たちからそう思われることを恐れていた。そして、休職をしたらその後の人生がどうなるのかという不安もあった。一方で、私の心に生まれた「会社に行きたくない」という悲鳴は、日毎にどうしようもないほど大きくなっていた。休むことがとても怖かった。あの頃、休職すると決めた自分を本当に褒めてあげたい。人生最高のgood jobだ。

会社に行かなくなり、突如何もすることがなくなり、毎日ただボーッとしていた。最初の数ヶ月は自分を責めたり恥じたりする気持ちが大きかったが、だんだんと気持ちが落ち着いてくる。何の予定もなく、淡々と洗濯とかスーパーに行くとかして過ごす日々は、想像していたのと違いとても心地が良かった。物理的に私を縛り付けていた物がなくなったことによって、固くこわばっていた私の心も少しずつ解放されていった。朝起きて、天気を確認して、自分がその日にしたいと思ったことをする日々。生まれて初めての経験だった。

＼今月のトピック／
キャリアブレイクのきっかけ
まゆみ
@funao55
note.com/bonu_hitoyasumi

＼今月のトピック／
9月号から始動します
6月から始めたお仕事に全力投球中の為、8月はお休み。9月号から合流目標です。
あーちゃん
note！

＼今月のトピック／
新しい生き方人体実験中
さとちゃん

僕は今年の3月に会社を辞めた。未就学の子どもがいて、これからたくさんお金が掛かるのに、20年以上働いてきて定年退職までもう半分を超えているのに、大手グループ会社の恵まれた環境だったのに、辞めた。しかもただ辞めたわけではなく、「一度住んでみたい」という理由だけで神奈川から沖縄に移住した。

＼今月のトピック／
就職のために
まりん

就職のためにこの町にやってきて1か月。

出所）キャリアブレイク研究所

プリントナンバーをコンビニのプリンターに入力すると印刷され、紙の新聞として読めるようになります。webメディア全盛の中、コンビニ印刷です。この形になるには、いろいろありました。それを主導してくれたのは、無職ライターと呼ばれるキャリアブレイクの当事者や経験者の方たちです。そう、この新聞は、すべて当事者運営なのです。

初号は書きたいと言ってくれた4名の無職ライターを迎え、創刊されました。無職ライターたちは、みんなに読んでほしい記事ではなく、書きたい記事を書きました。自分がいま心に感じていること、知り得たこと、経験したことなど、一人ひとりが書きたいことを書く。知識ではなく、経験を書く。そんな形式です。

何かプロダクトをつくる時は、それを多くの方に購入してもらうため、読み手のニーズを慮り、読み手のために書く。いわゆる売れるためにマーケティングを行う場面もあるかもしれません。月刊無職では、そんなことはほぼありませんでした。書きたいから書くのです。月刊無職は、誰かのための新聞ではない。自分たちが発刊したいから発刊するのです。主語が私なのです。

だからこそ、コンビニ印刷になりました。こう届けたかったのです。読み手のニーズなんて関係ありません。ｗｅｂ上にある、あまたの情報と並列になって届くのではなく、コンビニで印刷することをめんどうだと思わないくらい欲しい人がわざわざ読んでくれる。また、購入した人は増刷し放題なのです。気に入ってくれた人は、友人に渡したり、家の壁に貼ったりしているそうです。ある人は、近所の居酒屋に交渉して、お店の壁に貼ってくれています。

ハルさんの言葉を借りると「キャリアブレイクという文化とすれ違う環境を増やしたい」。離職した方がいい、休んだ方がいい、辞めた方がいいと、キャリアブレイクという文化を推奨している訳ではないのです。必要そうな人のところにいって力説することもありません。それはメンバーもみな同じです。必要以上に宣伝する人はいないのです。居酒屋に貼ってあったり、日常の会話でふとキャリアブレイクという言葉が出てきたり、すれ違う程度に、存在していたい。そんな媒体なのです。

一方で、内容はおもしろい。そこまで書くのかというくらい、自分の苦しみや葛藤を書いてくれる人もいるし、キャリアブレイクを経て、働いてみてどうなのか、経験者の立場から書いてくれる人もいます。

そんな月刊無職はいま、書きたい無職ライターに溢れています。モチベーションは様々です。ただ、私を主語にして話す場というのは、少ないのかもしれません。キャリアブレイクを通じて、私を主語にして話すことがどれだけ可能性があることなのか、計り知れない、と思うことがあります。一方で、自分のことを表現するなら、自身のブログなどでも良いのではないかとも思います。どうしてわざわざ月刊無職なのか。それは、編集スタイルにある気がします。編集の1つは、「対話編集」といって、書き手が書いてきたものを読みやすく編集するいわゆる編集ではなく、「対話」を行う編集スタイルです。改めて本当に書きたかったことや、本当に思っていたことが書けているのか、思い起こさせてくれるような編集を行っています。もう1つはチーム編集です。1つの新聞を発刊するためには、4名ほどの無職ライターが携わります。本来なら、各自が書いて持ち寄れば良いのですが、その号を担当するライターたちで集まる機会が週に1度あります。同じ境遇や同じ想いで集まったライターたちは、ライバルでもなく、仲間でもなく、親戚の親戚くらいの関係性でとても心地よいそうです。

そんな月刊無職は、販売場所が全国に広まっています。カフェや図書室、居酒屋などなど取り扱いたいと声をかけてくれた方々がいます。掲載場所も増加中です。そんなことから、月刊無職の知名度が上がったことで、全国のキャリアブレイクエピソードが生々しく、当事者の声でもって、集まるようになってきました。筆者たち研究所にとって、月刊無職はエピソードが集まる研究の起点になっています。ただ、エピソードを集めようと思っても、ここまで集まらなかったと思います。あくまで自分が書きたいから書くのです。無職酒場と同じ構造です。研究所のために書くのではなく、自分自身がおもしろいからやっている。そんな状態を筆者はとても気に入っています。

図4-3　むしょく大学のHPのトップビジュアル

出所）キャリアブレイク研究所

10　肩書きなしで語り合う「むしょく大学」

月刊無職ともう1つ、代表的なプロジェクトが「むしょく大学」です（図4−3）。むしょく大学は、キャリアブレイク中の人が自由に活動できる活動プラットフォームで、オンラインが中心ではあるものの、オフラインでも活動は行われています。

2024年7月時点で在籍の学生は1000名ほどで、関東と関西が人数的には多いものの、全国または海外にも広がっています。男女比は3：7程度と、やや女性が多いものの、年齢や性別にかかわらず、同じ境遇の人同士で集まれる場は貴重なようです。こちらを主催しているのは、無職酒場の発案者であり、キャリアブレイク研究所の理事でもあるまっくすさんです。

大学というと、何かを教え、育てる「教育」も浮かびますが、教育や学びを提供している訳ではありません。何も教えることはないし、育ってほしいとも思っていない。自分自身を変えてほしいとも思っていないし、成長を妨げる気もない。きちんと放っておかれる場なのです。このプロジェクトを始めてから、意外と世の中に、ちゃんと放っておいてもらえる場所はないのではないかと思い始めました。むしょく大学は、信じて待ってもらえる場。放っておいてもらえる場。だからといって、ドライという訳ではなく、みんなでわいわいやっています。

運営メンバーも当事者を中心とした有志です。大学なので、授業という形式で、自分が参加したい企画をつくったり、やってみたいことを企画にしたりします。月に8回程度の授業が開催され、オンラインだったりオフラインだったりします。その授業も、主催したいと言えば誰でも主催できます。その授業に、人が来るかもしれないし、来ないかもしれない。それもまた、放っておかれます。授業は大きく、気持ちを整理したりゆっくりお話できる「供養学部」と、好奇心を見つけたり次の一歩を踏み出したい「自由研究学部」の2つに分かれ、キャリアブレイクの段階によって必要な活動が準備されています。参加したいものを企画するのだから、それはニーズに合っていて当然なのかもしれないが、活動の場として機能しています。

話すことがとても多い場だなと思います。それは世にある「対話」的なものではなく、「放つ」に近いような気がします。自分が感じたことや思っていることを放つ。それはキャリアブレイク中に、とても必要な活動だと感じます。どこかに所属している場合は、「会社としてはこの判断が正しい」のように、所属や役割が自分自身を覆います。また、主観的ではなく、客観的なコメントを求められます。自分自身を放つことは少ない。他方で、キャリアブレイク中、または、むしょく大学では、近況や感想を話すことが多くあります。客観的な事実などどうでも良いのです。あなたが感じたことや考えていることを、みんな知りたいのです。それを話すまでは、私が考えていることなんて、と思ってしまうかもしれませんが、いざ話し出すと、客観的な情報なんかより、それぞれが考えていることの方が何十倍もおもしろい。そして、むしょく大学内の他のメンバーもそれをおもしろがってくれる。そして、ふとこぼれた夢や希望を、信じてくれる。応援したり、背中を押してくれる訳ではない。受け止めてくれるだけ。コーチやメンターではない。あなたの自己実現をサポートしたくて、集まっている訳ではない。みんな自分自身が楽しくて集まっていて、自分自身を楽しむのに忙しい。

ある人が教えてくれました。こうして、主語を私にして話す機会が多いと、自分が復興される気持ちだ、と。筆者たちは、一人ひとりの自分復興を支援している訳ではない。活動プラットフォームを準備しただけで、それに参加するかどうか、参加してどう過ごすかどうかは、学生次第です。ただ、信じて見守っているだけなのに、自分復興をしていく学生がいる。その姿は、新しい入学者の光になっています。

11　キャリアブレイクの4タイプ

「無職酒場」、「月刊無職」、「むしょく大学」の3つのプロジェクトは想像以上に盛況でした。それはテレビや新聞に掲載されたことも大きいですが、それだけではない気がしています。プロジェクトの中心に「おもしろがっている」、「おもしろそう」という心があったからだと感じています。今までは、キャリアのブランクについては、支援が必要だ、ケアが必要と弱者扱いされてきたようにも感じます。ただ、当事者たちは、そんな扱いを受けたい訳ではないように見えます。人生を悩むということを楽しんでいきたい。そんな気持ちの人たちが、筆者たちの雰囲気をたどって、各プロジェクトには多くの人が集まってきてくれたのではないでしょうか。集まってきたキャリアブレイクのエピソードが200~300を超えたあたりで、キャリアブレイクの全体像が少しずつ見えてきました。今まで無職と一括りにされてきたその言葉の中に「キャリアブレイク」というカタマリがあるのを実感していきました。

そこで筆者たちは、キャリアブレイクを分類したり、図解したりしていきました。ただ、これは、キャリアブレイクをこうだと規定したい訳でもなく、キャリアブレイクはこうあるべきだ、ということを言いたい訳でもありません。あくまで、まったくわからない無職になるという世界に対して、ざっくりとした概要をお届けすることで、ただ単純に人生を不利にすると言われてきた、キャリアブレイクを把握できるものしたい、と思ったのです。もし、このキャリアブレイクの分類にないタイプであったり、分類を越境したり、引っ越ししたりする人がいてもそれは大歓迎です。キャリアブレイクとは十人十色です。

まず、キャリアブレイクの入口に関してです。入口別で見ると4つのパターンが見えてきました。1つ目は「LIFE型」。妊娠、出産、ケガや大病をはじめとしたライフイベントを機に、離職や休職をするパターンです。自身だけではなく、介護や家族のケアやサポートなど家族への時間を取るために休職や離職もここに含めます。また、パートナーの転勤や引っ越しや移住など、ケアだけでない人生のイベントによって発生するものもです。「人生の安定」を目指すキャリアブレイクです。

2つ目は「GOOD型」です。「心身のケア」を目指すキャリアブレイクです。上司と反りが合わなかったり、激務が続いてしまったり、様々な理由で心身の不調を来したり、自身でケアが必要と判断し、休職や離職に至るパターンです。自分にとってGOODに働くということを目指し、心身の改善と自分の客観視、GOODに働ける環境を模索するキャリアブレイクがGOOD型です。こちらは、社会福祉や行政、国などの支援も拡充され始め、正しい情報にたどり着ければ補助やサービスもあります。

3つ目は「SENSE型」です。主に「感性の回復」を目指すパターンです。働きすぎて私が私じゃなくなりそう、人生の節目にゆっくりと自分の時間を取ってこれからについて考えたい、と言ったようなことを考えて、離職、休職する人たちです。働いたからといって、必ず感性が侵食される訳ではないのですが、人生の転機において、感性の回復が必要な人がいます。特に、小中高大学と、優秀に、または、あまり周りに迷惑をかけず大人になった人が多い気がします。一見すると順風満帆なキャリアを歩んでいるように見えても、自分の心はすり減っていたり、これからの人生に楽しみを感じなくなっていたり、違和感を持っています。それが続き適応障害や鬱にまで発展する人もいます。LIFE型、GOOD型のように明確な目的がないため、自分を大切にすることがおざなりになって、選択の決心がつきにくいのです。人に説明することも難しく、家族や会社に嘘をついて辞める人もいます。現状で、一番、市民権が低いキャリアブレイクだと感じます。

4つ目は「POWER型」です。ワーキングホリデー、海外への留学や滞在、世界一周旅行。職業にする訳ではないが芸術活動に没頭したい。ボランティア活動や社会活動など自分の生きがいを大きく発揮できるものに出会いたい、など。どちらかというと挑戦心を持っている、あるいは自分の人生はもっと爆発できるはず、と自身への可能性や期待を表現したい型が、POWER型です。「大志の実現」を目指しています。夢を実現するために、一定の時間が必要と理解し、雇用から離れ離職期間を獲得します。中には、大学の時に休学して留学していたり、親がキャリアブレイク的な経験をしていたり、人生にブレイクを入れることで人生が発展した経験をすでにしている人もいます。一見するとポジティブなキャリアブレイクではありますが、周到に準備する必要があったり、雇用から離れてから初めて虚無感に襲われたり、自分が掲げた目標が大きすぎてプレッシャーに押しつぶされそうになったり、POWER型といえど、悩みや葛藤はあります。

このようにキャリアブレイクは大きく4タイプに分かれますが、タイプの行き来は多くあります。妊娠出産で雇用から離れたLIFE型が入口だったとしても、仕事から離れてみて自分の人生を振り返り、本当に大切なことを思い出し、挑戦心に火が付き、気づいたらPOWER型になっている人もいます。会社の業務が合わず疲弊し休職し、ＧＯＯＤ型で始まったキャリアブレイクだったとしても、会社と合わなかっただけで、自分を殺さず感性を活かして働きたいんだったと、ＳＥＮＳＥ型に移行する人もいます。逆に、何かここで一発大きなことをしてやろうと虚栄心で始めてしまったＰＯＷＥＲ型の人も、雇用から離れてゆっくり考える時間を持つことで、私らしく働きたいとＳＥＮＳＥ型に移行する人もいます。

次は、出口のパターンです。当たり前ですが、キャリアブレイクを経て、元の会社に戻る「復職」、別の会社に向かう「転職」、フリーランスや起業を行う「独立」の3パターンがあります。もう少し詳細に分類すると、戻り方もいくつかあります。キャリアブレイク中に、自分の仕事観や大志を整理したり思い出したりする「パーパス型」。そういった重要なことを思い出し、それを副業や小さな趣味、ライフワークとして携え働き始める「スラッシュ型」。スラッシュキャリアとは、「医者／プロレスラー」のように、2つ以上の肩書きがあるため、スラッシュが入るキャリアのことを指します。また、ITやデザイン、英語話者など、今までとは異なるスキルをつける「リスキル型」。そういった自分自身の内発ではなく、キャリアブレイク中の活動からの縁で、働き始める「活動縁型」などがあります。

総じて、再就職という感じではなく、社会へ再接続、といった感じです。職に就くというよりは、社会に接続する、という感覚であるのは、離れたからこそ、どう働くか、ではなく、どう社会に接続するか、という考えを持ち始めるのだと思います。自分と社会は対等であり、社会の歯車になるのではなく、接続の仕方を模索します。

12 よい転機が生まれる、離れるという効能

無職になることは、総じて孤独的なものだと思っていました。どんな理由だったとしても、会社や社会的なコミュニティから離れることは、弱い立場になることだと思っていました。そんな弱者と誤解されてしまうようなキャリアブレイクが、どうして人生を再生させていくのでしょうか。

旅に近い感覚だと思います。住まいから離れて、つながりも助けもない場所にわざわざ出向く旅は、きっと、何か自分自身への人間的な成長を期待して、出向くことがあるのではないでしょうか。その時に、多くのつながりや助けは必要ありません。孤立したいのです。直観的には、孤立することに、なんらかの可能性があることを、多くの人は知っているはずです。可愛い子には旅をさせよ。そんな言葉もあります。

キャリアブレイクをすると、今までいた会社やコミュニティから離れることになります。無所属です。無所属になると、必然的に主語が私になります。私を主語にして話すというと簡単なように聞こえますが、意外と難しいのです。所属から離れると自己紹介もままならなくなります。ただ、その苦心を乗り越え、また楽しむことで、私を主語にして話していると、感性が回復してくるのです。自分自身がどう感じ、何を考え、どうしていきたいのか、話せるようになってきます。本当に大切にしたいこと、手放したいことなどが見えてきます。

そうしていると、今まで見えていなかった選択肢が沢山見えてきます。所属や会社にいると、あり得なかった選択肢や昔好きだったけど忘れていたことなど、自分の可能性はこんなにも広かったのかと思うほど、広がってきます。せっかく増えた選択肢ですが、選んでいかないといけない段階がきます。ただ、所属から離れると決断する根拠があまりないのです。あまりないというか、自分自身しかないのです。誰も決めてくれない。

自分が納得して決めるしかないのです。そうすると自分で決める機会、自己決定の回数が増えてきます。今までは、儲かるから、上司がそう言うから、去年そうしていたからなど、誰かや何かが決めてくれる経験の方が多かったかもしれませんが、キャリアブレイクをすると、圧倒的に自己決定が増えてきます。

そうして、自分で決める回数が増えてくると、自分でなんとかできるという認知が高まってきます。自己肯定感が高まる、などとも言われたりします。もっと簡単に言うと自信がついてくるのです。それがどんなに小さな決断だったとしても、自分で決めて、実行する回数が増えてくると、自信になり、自分自身にオーナーシップが戻ってきたように感じます。自分の人生になってくるのです。

世の中では、主体性などともいうかもしれませんが、そんな一時的なものではなく、人生のオーナーシップが手元に戻ってくるのです。それは、怖いことでもあります。自分で決めるというのは責任も伴い、最初のうちは、小さいことを決めるのにも、恐れがあったりします。誰かに決めてもらった方が楽です。言われた仕事をしていた方が何倍も楽です。ただ、その苦しみの中から、自分が再生されていくのです。

こう書くと、キャリアブレイクが自分を再生する万能薬のように見えますが、こんな簡単にプロセスが進む訳でもありません。もっと日々、いろんな感情が湧き起こります。貯金が減っていく通帳を見て、心が痛くなり、いまだに元気に働いている高校の同級生のSNSを見るのは辛いです。私はどうしてこんなにダメな人生になってしまったのだろう、と嘆き始めます。そんな気持ちになってしまうこともあるでしょう。その苦しみの中にも、自分復興に必要な情報はたくさんあります。何を悔しいと思うタイプなのか、誰に憧れているのだろうか。そういった感情をゆっくりかみしめながら、一歩ずつ進んでいくのです。

ちょっと1人になって考えごとをしたいと思うことは、誰にだってあるでしょう。それを孤独と後ろ指を指されたりしたら、たまったものではありません。だからこそ、キャリアブレイクという新たな名称によって、勘違いや誤解をなくしていきたいと思っています。離れることには創造的な一面があり、概して心配されすぎるものではないと思っています。

13　共に文化をつくるパートナーたち

長らく私たちは、はっきりとしたビジネスモデルを持っていませんでした。ただ、どんな離職休職だったとしてもそれを栄養に変えていける、よい転機にしていける、キャリアブレイクという文化が社会に実現していること、それを信じて待てる社会になったらいいな、そんなことを発信していたように思います。そんな「社会を指し示す」という起業スタイルでしたが、そんな社会を一緒につくりたいというパートナーが少しずつ声をかけてくれました。共感によって、パートナーが増えていったのです。

大きく2つのパートナーがいます。1つは、休職者や離職者、不登校の生徒や学生が身近にいる人たちです。どうすればブランクがブレイクに変わるのか。そして、当の本人はもちろん、周囲にとってもよい期間となるのか。そんなことを相談してくれる「相談パートナー」です。もう1つは、そんなキャリアブレイク期間を一緒になってよい転機にしていきたいと思う人、過ごす場所やサービスを持っている人たちです。キャリア・スキルスクールなどの学び関係、コワーキングや街などの場所運営者、シェアハウス運営者や地方自治体などの移住関係の方々。そんな「共感パートナー」の方です。私たちはその2つのパートナーの間に位置し、キャリアブレイクのプラットフォーマーになっていきたいと思っています（図4－4）。

パートナーとのコラボレーションについても、いくつか紹介させていただきます。まずは相談側のパートナ

図 4-4　パートナー関係図

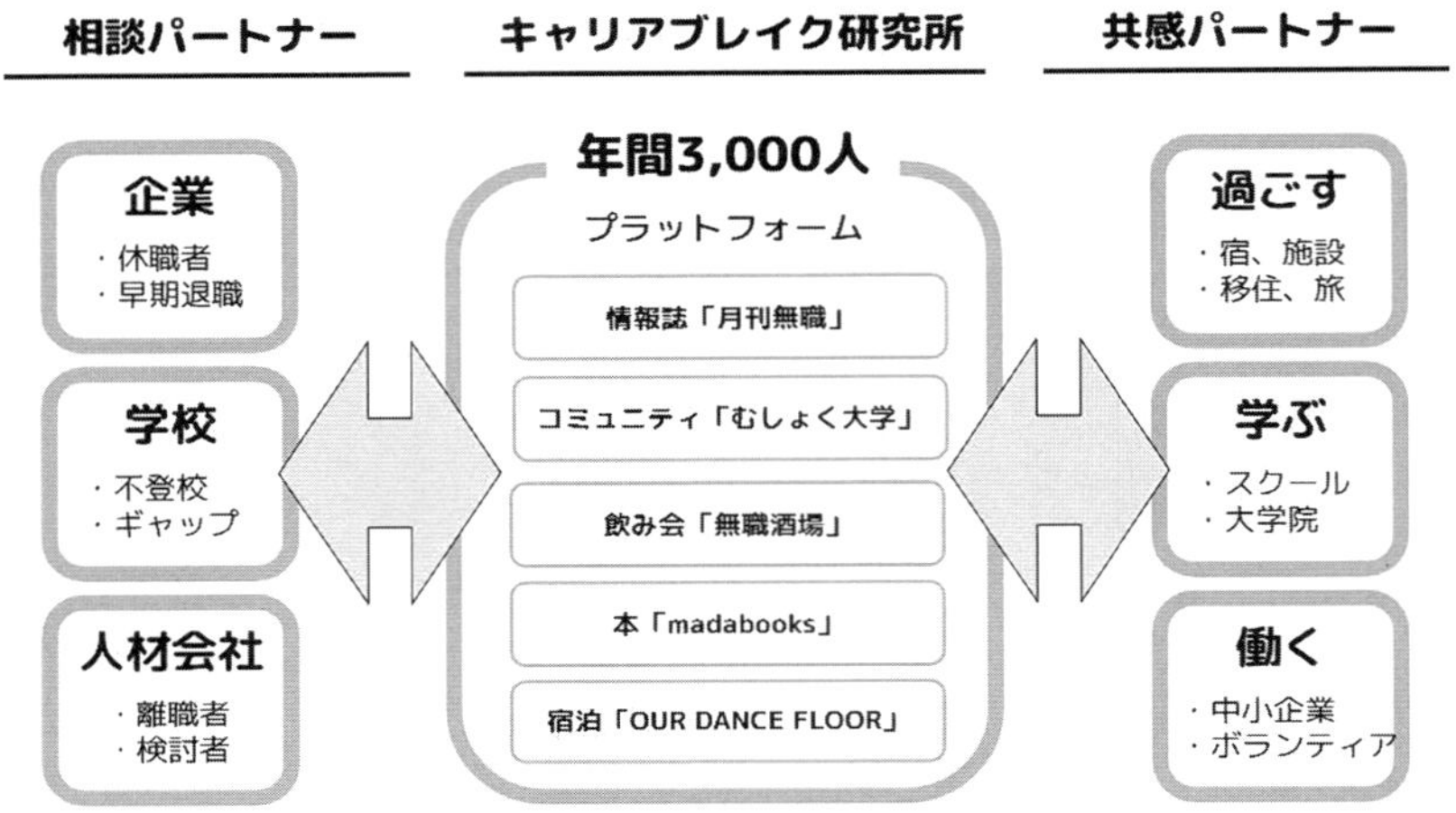

出所）キャリアブレイク研究所

ーさんの話です。

①相談パートナー：とある企業との事例

相談内容は「社員の離職・休職をもっと早めに知りたい」ということでした。少し詳しく説明します。その企業の方は、そもそも離職・休職に肯定的というか、自然なことだと捉えていらっしゃる方でした。もちろん、離職も休職も減らしたいとは思っているが、時代の流れもあるし、そういう転機は存在するもの。大幅に減らしていくというのは現実的ではない。たまたま反りが合わない人と同じ部署になったり、新たにやりたいことが見つかったり、社員にも転機があるというのを理解されている方でした。ただ悩みは、そういった転機が社内では、悪いこととされ、ブラックボックスになっている。ブラックボックスになっていると、みんな水面下で活動して、結論が出てから、決断したあとのタイミングで会社が知ることになる。そうなってくると、会社も仕方ないとは分かりつつ、準備ができない。余剰人員がいないチームであれば、ちょっとした不和も生じる。そうなると、さらに離職休職について、話しづらくなる。社内で離職休職について活発に話せるようにとは思わないが、ある程度、キャリアの転機について、社員と会社が会話できる機会をつくれないか。また、話す機会があっても難しい場面がある。休職期間や戻り方など、合意形成にも医学以外のパートナーが必要かもしれない。そんな相談でした。そういう意味では、キャリアブレイクという転機を肯定的に捉えている研究所だからこそつくれる、社内の雰囲気や制度活用の促しコミュニケーションの機会づくりができるのではないかと感じました。当の本人にとってはもちろんですが、チームや企業にとってもよい離職休職をつくっていけるのではないか。企業やチームが、ただ迷惑だと思っていた離職休職を、みんなにとってよい転機に変えていくサポートをしています。

次に、受入側のパートナーさんからは2つの事例を紹介します。

②共感パートナー：ジュンク堂書店 三宮店さんとの事例

大手書店のジュンク堂書店 三宮店さんとは、「転機の人のための書店」というコンセプトで、期間限定の書店を共同開催いたしました。店名を「mada books〔9〕」と言います（図4-5）。焦ったり急かされてしまうこともある「まだ」の時間ですが、キャリアブレイクという概念を通じて、この「まだ」の時間こそ、大切にしていきたい。そんなメッセージを込めて「mada books」と名付けました。その書店に来る人たちは、みな「まだ」の時間を大切にしたいと思ってくれています。だからこそ、一緒に店内で過ごしていても少し気持ち良いものです。一時的な離職休職の期間中は、会社という社会的なコミュニティから離れることで孤立感がありま す。1人になって考えごとをしたり、孤立ももちろんよい効能もありますが、それが悲しみや苦しみになって

図 4-5　ジュンク堂書店 三宮店での mada books

出所）キャリアブレイク研究所

孤独感に変わることもあります。そんな時に1人でもふらっと行ける書店、という役割でした。キャリアブレイク中に読書をされる方は多くいますし、書店は1人でいきやすいのもあって、とても相性がよかったです。その後、「mada books」へは出店依頼がいくつかあり、臨時出店する居心地のよい書店として無職酒場のように全国へ波及していければと思っています。

③共感パートナー：京都移住計画さんとの事例

キャリアブレイク中に居を変える、引っ越す人、移住する人も少なからずいます。株式会社ツナグムが運営する「京都移住計画」という移住メディア（図4－6）と、共同でメディアを運営しています。「京都で人生の寄り道を」と題したメディア[10]には、京都に移住してキャ

図4-6　キャリアブレイク研究所×京都移住計画のメディア

出所）キャリアブレイク研究所

リアブレイクを過ごした人たちのエッセイや体験エピソードが掲載されています。

エッセイや体験エピソードは、首都圏や他府県から京都に移住してきて、キャリアブレイクを過ごした人たち自身が執筆しています。どうして京都でキャリアブレイクを過ごしたのか、どこでどんな風に過ごしたのか、また、就職や次のキャリアはどういう風に決めていったのか。一人ひとりの具体的なエピソードの中には、京都にある具体的な宿や場所や地域の名前が沢山でてきます。もし、京都に移住してキャリアブレイクを過ごすことを検討されている方には、ぜひ見てほしいメディアです。

メディア内の筆者による「はじめに」を少し引用して掲載させていただきます。

「悲しいとき、苦しいとき、逃げたいとき、気分を変えたいとき、環境を変えたいとき。そんな人生の「転機」に何をしたらいいのか、義務教育では教わらなかったかもしれません。悩む、とは、自己流になりがちです。このメディアでは「一旦離れる」という悩み方をした人たちが沢山登場します。この「一旦離れる」という悩み方は、欧州では「キャリアブレイク」と呼び、一般的です。仕事や家族から一旦離れるというのは、時に孤独で、時に解放的です。その孤独と解放があなた自身の可能性を開いていきます。そんなキャリアブレイクを過ごす街として、京都は魅力的です。寺社仏閣や川といった散歩に適した街は心地よい「孤独」を選択できます。また、芸術や商売も盛んで、自身の好奇心を「解放」する機会も多くあるでしょう。そういった孤独や解放を受け止め、引き出してくれる魅力的な人も多くいます。そんな京都で、みなさまの人生の転機に、幸多からんことを願って。」

私たちの活動はまだまだ小さいものかもしれません。ただ、指し示した社会に共感いただいた様々なパートナーとの協業により、少しずつ文化に近付いている気がします。離職休職をよい転機に。そして、社会によい転機が増えていくよう、研究、そして実践活動を進めていきたいと思っています。


［1］ブランクを強みに・「キャリアブレイク」という考え方（https://escareer.co.jp/column/6407）（２０２４年５月７日アクセス）。

［2］トウキョウ建築コレクション2014 OFFICIAL BOOK（https://www.kskpub.com/book/b478253.html）（２０２４年５月７日アクセス）。

［3］ブランクを強みに・「キャリアブレイク」という考え方（https://escareer.co.jp/column/6407）（２０２４年５月７日アクセス）。

［4］ＯＫＡＹＵ ＨＯＴＥＬ（https://okayuhotel.com）

［5］あかり図書室（https://www.akarilibrary.com/）（２０２４年５月７日アクセス）。

［6］合同会社うみのなか商店（https://www.akarilibrary.com/% E6% A6%82% E8% A6%81/）（２０２４年５月７日アクセス）。

［7］まちしごと総合研究所（https://machigoto.org/）（２０２４年５月７日アクセス）。

［8］認定ＮＰＯ法人京都自死・自殺相談センター（https://www.kyoto-jsc.jp/）（２０２４年５月７日アクセス）。

［9］まだの時間を楽しむ書店「madabooks」（https://www.instagram.com/mada__books/）（２０２４年7月2日アクセス）。

［10］京都移住計画×キャリアブレイク（https://kyoto-iju.com/feature/careerbreak）（２０２４年7月2日アクセス）。

第5章 キャリアブレイクの実態とプロセス

石山恒貴◆ISHIYAMA Nobutaka

本章では、キャリアブレイクの実践者である8名の方々の事例を紹介いたします。8名の実践者はいずれも、キャリアブレイク研究所となんらかの関わりを持っています。そのためキャリアブレイクを経験していることが確認できているため、事例の対象者として選定しました。

2023年12月に、共著者3名全員が同席して8名にインタビューを行いました。4名は東京、4名は大阪においてインタビューを実施しました。事例1から5については離職、6から8については休職としてのキャリアブレイクに該当します。8名の年代はいずれも20代、30代です。ただ筆者らは、キャリアブレイクが特定の年齢層だけに生じるものではないと考えています。事例によって読者にご理解いただけるものと思いますが、「自分を見つめなおしたい」という欲求が起こった時には、キャリアブレイクは広い年齢層において生じる可能性があると考えています。

そこで本章では、8つの事例を紹介した後に、キャリアブレイクにおいて観察できた共通するプロセスについて提示いたします。

1 事例1 小黒恵太朗さん

① 憧れの会社に転職する

小黒恵太朗さんは、新潟県長岡市で生まれ育ちました。関西の大学で学生生活を満喫し、長岡市に戻り就職しました。塾で半年間、マーケティング会社の制作部署で1年間を過ごした後に転職活動を始めました。転職で目指した会社は、大手人材・情報サービス会社。新卒で就職活動をした時からの憧れの会社でした。満を持した転職活動の結果、見事に希望の会社に転職することができたのです。

配属されたのは、新潟市の駅前の一等地にオフィスがあるブライダル情報サービスの部門。小黒さんはその部門で結婚式の引き出物の広告の営業を担当することになりました。ところが憧れの会社で働くことができたものの、小黒さんは自分の性格が営業職と合わないと感じるようになっていきました。日々、小黒さんは引き出物になりそうな製品を作る企業を回り、そこで職人の方々と話をしました。話すこと自体は楽しいことでした。しかし引き出物の広告を出しませんかという話を持ちかけると、お金がないから難しいという返答。その段階で、小黒さんは「ですよね」と返答し、それ以上に食い下がることができませんでした。今になって振り返ってみると、小黒さんは自社のブライダル情報サービスを商材として深く理解できておらず、自信を持って薦めることができなかったのではないかと考えています。

営業成績は振るわず、そのことについてもちろん職場で注意されます。それだけではなく「本当にやりたいことは何なの。営業なの」という問いかけを、毎日のように職場で受けることにもなりました。そのような問いかけをすることは、その会社の文化。本音では、小黒さんは自分のやりたいことは営業ではないと感じていました。しかし、その本音を口にした時の職場の反応を小黒さんは恐れていました。結果的に自分の気持ちに嘘をつきながら、「僕はただ営業がしたいです」と表面的な返答を繰り返す日々。正直な気持ちを誰にも相談できなかった小黒さん。憧れの会社に入社してから半年後にはうつ状態になり、休職をすることになりました。

② ギャラリーでの偶然の機会

小黒さんの休職が始まったのは、2017年の年末。休職期間をどう過ごしていいかもわからず、とにかく心身を休めることにしました。休職の当初の1～2カ月ほどは、友人たちとも会わずに実家で過ごしました。ただ小黒さんは、自分を「結構元気なうつ病患者」だったと振り返ります。部屋に引きこもっていたわけではなく、漫画を読んだり、散歩をしながら趣味の写真を撮ってみたり、と気ままに過ごしていました。そんな生活が1～2カ月続くと、友人たちと会わない生活に飽きるようになっていきました。

友人たちに会うことには、当初は躊躇がありました。自分が休職していることにどう反応されるのか、怖かったのです。しかし会ってみると、友人たちはいつものように接してくれました。安心した小黒さんは、徐々に友人たちと話したり、ドライブに行ったりする機会が増えていきました。

そんな状況の中で小黒さんは、自分は何をすることが楽しいのだろうかということをまず見つけようと考え始めていました。そう考えた時に、思い浮かんだものは写真。子どもの頃から、写真を撮ることが好きだったのです。それは3歳か4歳の頃。フィルムカメラを使って海で父親の写真を撮った時に、その写真を両親からすごく褒められた記憶がありました。それが小黒さんにとっての原体験。大学1年生の時には自分のカメラを持ち、その後は全国各地で旅先の写真を撮りためるようになっていきました。すでに大学生の時には喫茶店の一角を借り、自分で企画した写真の個展を開催したこともありました。

2018年5月のある日のこと。小黒さんは、何気なく「友人と話す場をつくりたいし写真も好きだから、写真展でもやってみたい」という思いを、ある友人に話しました。そうするとその友人は、長岡駅の近くに小さなギャラリーがあると紹介してくれたのです。とりあえず様子を見てみようかと、軽い気持ちでそのギャラリーに見学に行きました。ところが見学してみると、ギャラリーから「6月下旬のこの3日間は空いているので、予約できます」といきなり具体的な提案があったのです。しかも3日間の貸切で提示された費用は良心的なものであり、格安に感じられる額でした。写真展をやることまでは、正直なところ想定していませんでした。しかし、これも何かの縁と感じた小黒さん。写真展に挑戦することを決めたのです（写真5-1）。

③ 写真展の企画

6月下旬の写真展まで、1カ月の準備期間しかありませんでした。それでもとりあえず友人たちに写真展の詳細が記載されたポストカードを配り、SNSでも告知も始めてみました。そのように写真展をやらざるを得ない状況になって、小黒さんは自分の気持ちが一気に燃え上がっていくことを感じました。

企画の当初の段階で、写真展のタイトルだけはすぐに思い浮かびました。それは、トイカメラ写真展「あの

写真 5-1　写真展の様子

出所）小黒恵太朗さん提供

時の声を探して、」というもの。人には記憶を忘れていく順序があります。しかし、あの人の声だけは最後まで残っている。だとすれば、その声さえ覚えていれば、記憶というものは留めることができる。ところが写真にはビジュアルはあるが、音声までは記録できない。だからこそ写真と声の記憶が結びつくと面白い。そんな考えが、天から与えられるように小黒さんの中でわき上がったのです。

このタイトルのコンセプトを決めた時に、小黒さんは今こそ自分の棚卸をしなければならないと考えました。今までのキャリア、経験、思い出などの過去の記憶で写真展を構成したいと思ったのです。その過去を振り返らなければ、作品としての写真は構成できない。さらに作品としての写真を構成するには、自分というものを理解しなければならない。こう考えた小黒さんは写真展の作品づくりをする中で、ひたすらに自分を見つめなおしていきました。

写真 5-2　写真展の写真と小黒さん

出所）小黒恵太朗さん提供

小黒さんは写真を新たに撮り下ろすことはせずに、過去に自分が撮りためた写真を再解釈し、全体構成と作品づくりに注力しました。そうした過程の中で、これから自分が企画するものは写真展であるけれども、所信表明でもあると思えるようになっていきました。

そして2018年6月22日から24日にかけて3日間、写真展を無事開催することができました。3日間ののべ参加者は、なんと99人。予想を上回る来場者でした。友人、知り合いを中心に多くの人が訪れる様子を見て、小黒さんは心から嬉しさを感じていました（写真5－2）。

小黒さんによれば、文章に比べると写真は自己開示の程度が小さく、恥ずかしいという気持ちはそれほど大きくないそうです。ところが写真展の作品を見た友人たちからは「お前、こんなこと考えてたんだ」というような感想を多く受けました。また一番の親友は、小黒さんの過去の記憶が濁流のように情報として流れ込んでくるので「ちょっとこの場にいるのが苦しい」という率直な気持ちを明かしてくれました。写真展に来場することで、まさに小黒さんの「あの時の声」にたどり着いた人が多かったのでしょう。

④　東京での転職

写真展で過去の自分と向き合うことができた小黒さん。その3カ月後の2018年9月には、思わぬ偶然から東京で働くことになりました。

きっかけは、時を少し遡ります。大学を卒業後、長岡市に戻ってからのこと。写真展にも来てくれた一番の親友と、小黒さんは「フォト（写真）ウォーク」という写真を通して地元を知ろうというイベントを、2016年4月頃から何回か行っていました。小黒さんは、その内容をwebメディアに寄稿していたのです。その寄稿に目をとめた「ニッポン手仕事図鑑」というwebメディアから「写真を通してコラムを書き、新潟の面白さを伝えてくれませんか」という依頼が、すでに2017年の春頃にありました。ブライダル情報サービス部門の営業職で、手仕事に携わる職人の方々と関わりがあったことはまったくの偶然でした。その縁から写真展が終わった7月末に、小黒さんはニッポン手仕事図鑑の東京オフィスを訪れることになったのです。

オフィスでは、ニッポン手仕事図鑑の代表である編集長と面談をすることになりました。小黒さん自身は、それを転職面接とは思っていませんでした。ところがその当日、帰りの夜行バスの出発を待っていた時に、「ぜひ一緒に働きませんか」というメールが携帯電話に届いたのです。その場では回答はしなかったものの、過去の自分と向き合ってきた小黒さんには、「一歩踏み出して挑戦したいみたい」という率直な気持ちがありました。転職を決断するまで、それほど時間はかかりませんでした。

小黒さんは、高校の時まで内向的な性格だったと振り返ります。ただ社会人になってからは、自主的に開催したフォトウォークなどによって多くの仲間ができました。東京に転職するにあたっての新潟市での送別会では、20人もの仲間が集まってくれました。小黒さんはその仲間の思いも受け取って東京へ行く、という覚悟ができました。

ニッポン手仕事図鑑では、小黒さんは大きく成長することができました。先輩からは、カメラ、制作企画、取材、ライティングの技術を叩き込まれました。その結果、企画、取材、撮影、デザインなど一気通貫で仕事を任されるようになっていきました。全国で手仕事(ものづくり)に携わる人々を取材して回りました。長野、岡山、島根、雲仙、沖縄など。取材対象のジャンルも多様です。職人だけではなく、雲仙ネギをつくる農家まで。小黒さんは転職してから1年半、夢中になって仕事に取り組み、自身の専門性を向上させていったのです。

⑤ 京都でフリーランスになる

仕事は順調だった小黒さんですが、私生活上の事情から京都に引っ越すことを決めました。会社は引き留めてくれましたが、小黒さんは次の方向を見据えていました。充実した大学時代を過ごした小黒さんは、京都にいつか戻りたいという気持ちがあったのです。京都に引っ越しをしたのは、2020年3月末。コロナ禍で緊急事態宣言が始まった頃。もう少し決断が遅ければ、京都へ赴くことは難しかったでしょう。

京都では、写真スタジオも併設されているコワーキングスペースに就職しました。その運営スタッフをしながら副業も可能だったため、一定の収入を得ながら個人事業主としての独立を目指すスモールスタートには最適だと考えたからです。京都では知人の紹介もあり、営業をする必要もなく仕事は順調に増えていきました。

結果として、2023年の3月からは個人事業主の仕事を主として独立することができました。企画、カメラ、ライティングなど取材に関することならなんでも、ひととおり引き受けています。ニッポン手仕事図鑑とも仕事上のいいお付き合いが続いています。

⑥ キャリアブレイクを終えて

小黒さんはキャリアブレイクを本当に貴重な期間だったと振り返ります。その理由は主に2つあります。第1の理由は、キャリアブレイクによって過去の棚卸がきちんとできたこと。以前の小黒さんは、転職した大手人材・情報サービス会社が憧れであったように、社会的な地位や肩書きのような他人への見え方を気にしていたところがありました。他人への見え方が、自身の原動力でもあったのです。しかし過去の棚卸によって、自身が本当に何をしたいのか見つめなおすことができたことこそ貴重だったそうです。大手人材・情報サービス会社の職場で「本当にやりたいことは何なの」と問いかけられても見えなかったものが、キャリアブレイクによって見えるようになったのです。

第2の理由は、「休んでいいんだ」と思えるようになったことです。以前の小黒さんは、社会人になった以上は走り続けなければならないと思い込んでいました。しかし人生を楽しく歩む中で仕事というのは1つの要素にすぎない、と今では小黒さんは考えています。

実際に小黒さんは2024年の1月から1カ月、自発的に休みを取る予定です。もちろん、フリーランスには休むことで収入が減るという現実的な課題があります。しかし小黒さんは独立してからというもの、仕事で忙しく過ごしてきました。これから長く走り続けるためにも、しっかり休もうと考えたのです。こうした決断ができるようになったことは、キャリアブレイクを体験したからこそだと小黒さんは語ってくれました。

2　事例2　大下真実さん

①　音楽教師志望から携帯ショップ店員への進路変更

大下真実さんの母親の職業は、兵庫県神戸市の音楽教室で教えること。その影響で大下さんも幼少期からピアノを習っており、中学卒業後は母の勧めで音楽関係の高校へと進学しました。「ピアノが弾けてすごい」と言われる状況から「ピアノが弾けて当たり前」という正反対の状況へと変わってしまったわけです。そのため、周りとのレベル差を痛感したり、評価されることが苦しくなったりして、学校へ行けなくなってしまった時期もありました。母親に対して「どうしてこんなに苦しい環境を勧めたのか」と怒りや悲しみをぶつけてしまうこともありました。しかし日々練習を重ねる中で、ピアノへの向き合い方や、今ある環境の捉え方が確実に変わっていくことになりました。様々な感情が生じ、葛藤も経る中で、母親が表面的な理由ではなく、もっと深い視点を持って自分を音楽の道へと歩ませてくれていたのだと気づきました。そして、1つの道を極める大切さを自分の進路にも重ね合わせるようになっていきました。大下さんは学校の音楽教師になることを目指し、大学ではピアノを中心としながら音楽教育や音楽療法を学びました。

ところが、教育実習に行った時のことでした。実際に授業をする中で、音楽や道徳にも点数をつけたり、正しい・模範とされるようなものがあったりするという状況に違和感を覚えてしまったのです。もちろん教師という立場になった時に、自分がやり方を工夫すればいいとも考えました。しかし学校全体が正解や点数を重視する方針だとすれば、その環境に今のタイミングで飛び込むには、まだまだ自分の引き出しが少なすぎると大下さんは感じました。また、このまま自身の軸がぶれた状況では、何か壁にぶつかった時に「親に音楽をやらされたから」と言い訳して逃げてしまいそうな気もしていました。そこで大下さんは進路を考えなおし始めました。

ちょうどその頃、知人が勤務している会社でユニークな正社員採用があると聞き、興味本位で参加することにしました。黒髪・スーツ着用といったいわゆる就活のイメージとはまったく違い、目の前の人、一人ひとりの個性を尊重しようという雰囲気が心地よく感じられました。また、その会社の担当者は、大下さんが進路について悩んでいることも親身になって聞いてくれました。大下さんは、この会社の人々と関わることができれば面白そうだと感じるようになっていきました。そしてそのまま選考に進み、内定を得ることができました。音楽以外の分野で就職することに大下さんの気持ちも固まり、母親に「一度音楽以外のことにも挑戦してみて、もっと広い視野を持ちたい」という率直な気持ちを伝えました。高校の頃からの音楽に関する大下さんの葛藤を母親は理解してくれていました。大下さんの決断は、母親に尊重してもらえたのです。

② 携帯ショップを退職しキャリアブレイクへ

入社後はモバイル事業部に配属され、携帯ショップで勤務することになりました。しかし、その出だしには苦労がありました。就職をして1カ月で腰のヘルニアの手術をすることになってしまったのです。手術後はなかなか動くこともできず、いきなり3カ月休職することになりました。その休職期間を通して、健康で自由に動ける時間は思っている以上に限られているのかもしれないと早い段階で感じた大下さん。自分の気持ちに正直に、後悔のない生き方をしていこうと改めて考えることになりました。
ただ、携帯ショップの仕事は充実したものでした。接客数を重ね、業務を勉強すればするほど売上は増えていきました。また、人と話すことが大好きな大下さん。顧客と1対1でやりとりできることも性に合っていました。顧客とやりとりし、数字が伸びていくことをわかりやすく実感できる環境は、楽しく心地よいものでした。

ところが大下さんは、そうした環境を楽しいと思うことがだんだん怖くなっていきました。売上を伸ばすために顧客を説得することが本当に自分のやりたいことなのか、と考えるようになったからです。ただ、そう考え始めたのは復職して半年ほどの時点。その時点で退職することは中途半端だという思いもありました。そこで、ここまでやりきったら後悔はないと思えるような、仕事上で達成すべき目標を設定しました。また大下さんには、自分が思ってることを書き出す習慣もありました。それを数カ月続けていく中で、自分の気持ちが退職する方に強く傾いてることに気がつきました。

復職して1年ほど経った頃。業務上の実績を積み、ある程度の貯金もできて、もうここかなと思えるタイミングが大下さんの中でやってきました。大下さんは「仕事は楽しいが、自分自身と店員としての自分が乖離していく感覚がある。具体的にはまだわからないが、頭の中で思い描くイメージや、挑戦してみたいことが別にある」という気持ちを、率直に店長に伝えました。店長は「大下がそう言ったら、もう結果は決まってるやろう」と快く大下さんを送り出してくれました。大下さんは円満な形で携帯ショップから卒業することになりました。携帯ショップに就職してから1年4カ月が経過した、２０２１年の夏のことでした。こうして、大下さんのキャリアブレイクは始まったのです。

③ 何者でもない自分になる

考えてみるとそれまでの大下さんには「○○大学」、「○○会社」など、なにかしらの肩書きがありました。もし肩書きがない状態になったら、自分はどう感じるだろうか。いったん何もない状態になってみたいと思った大下さん。ポジティブな気持ちで、あえて次のことを何も決めずに退職してみたのです。

退職してからの最初の1週間は、解放感がありました。ところが2週目に入った頃から、何者でもない自分のことが急に不安になってしまったのです。予定が何もない日は寝ようと思えばいつまでも寝ることができます。美容院に行き、カルテの職業欄にチェックしようとしても、何者でもない自分に当てはまる選択肢はありませんでした。他人に自分の状態を、何か指摘されたわけではありません。しかし大下さんは不安を募らせ、転職情報サイトに登録したり、ハローワークに行ったりという行動を始めました。

ハローワークに行った目的は転職活動ではなく、雇用保険の受給手続きを行うためでした。しかしその手続きでは、書類に次はどのような仕事をしたいか記載しなければなりません。次に何になりたいか決めていない大下さんは、その気持ちに正直であるため、書類を提出することもできませんでした。

そんな不安を抱えていた頃、大下さんは前章で説明したキャリアブレイク研究所の「おかゆホテル」を訪れていました。大下さんはX（当時はツイッター）で、たまたまおかゆホテルが、神戸の自宅からほど近い場所にあることを知りました。キャリアブレイクという言葉は知らなかったものの、何か惹かれるものを感じたのです。

不安を抱えながらも、大下さんには何者でもない自分として過ごす時間は必要なものだ、と思える根拠のない自信がありました。ただ、もし自分1人だけだったらその自信もなくしていたかもしれません。そういった時間が必要だということを、ただただ言い訳にして仕事を辞めたのではないかと自問自答することもあったのです。しかしおかゆホテルを訪れた時に、自分の思いを受け止めてくれる場所があったのだ、と感じることができました。「これはキャリアブレイクですよ」と認めてくれる仲間がいました。そしてその仲間たちは、キャリアブレイクという状態を一緒に面白がってくれたのです。

④ 多様な活動に挑戦する

キャリアブレイクという共通言語や仲間を得た大下さん。それからは、キャリアブレイクならではの多様な活動に挑戦しました。大学生の時に、大下さんは地域での場づくりに関係する仕事のインターンシップをしていたことがありました。そのインターンシップ先が、兵庫県尼崎市で尼崎ＥＮＧＡＷＡ化計画を立ち上げた藤本遼さんの取り組み。大下さんがキャリアブレイクを始めた時期には、藤本さんは「ここにある」という会社を設立していました。大下さんは、その会社の採用や組織開発を担うことになりました。

それだけではなく、大下さんは多様なことに挑戦してみました。気になったカフェで1日だけ働いてみる。ピアノの先生をしてみる。探究教室でアルバイトをしてみる。離島へ旅をしてみる。会いたい人に会いに行ってみる。挑戦したことは、それぞれ充実感を得ることができました。

しかし大下さんは、そうした日々の中で心の浮き沈みを感じていました。本当にやりたくてやっている自分と、「とりあえず何かやらないと」と思ってやっている自分が両方存在していました。今だからこそやろうと思う。予定がないことが怖いと思う。いずれも正直な思いでした。貯金もまだあり、実家に住んでいるから生活はできる。しかし興味あることが増えていっても、どれも中途半端だという思いも否定できない。そんな苦しい気持ちもありました。

そんな時に転機になった機会が「仕事の間借りプロジェクト」。1人でできる仕事量を4人で分割するワークシェア形式の4カ月間のプロジェクトでした。4人は、週に1回だけカレー屋さんの店舗運営を担当。メニュー開発なども4人が共同して考えていきます。そのプロジェクトでは、店舗運営やワークを通して、働き方や価値観について相互での振り返りを行っていきました。

そこには、今まで大下さんが行ってきた個人での振り返りとは異なる気づきがありました。客観的に自分を見てもらった結果、自分で口にする自信はなかった自身の特徴や、気づくことができなかったことを言語化してもらえたのです。たとえば、「周りの人の表情の変化をいろいろキャッチしてくれるよね」というフィードバックをもらったことがありました。大下さんは、その言葉が純粋に嬉しかったそうです。

⑤ 福祉の仕事と出会う

自分の強みを、より明確に理解できるようになってきた大下さん。そんな時に、アルバイト先だった探究教室の先生に「真実ちゃんは、どっちかといえば教育より福祉ちゃうかな」という言葉をかけてもらいました。この言葉をきっかけに、福祉の仕事にも興味を持つようになりました。また大下さんは働く場所として、大学生活を過ごした京都に興味があり、「京都移住計画」に掲載されていた求人記事を見ていたところ、「暮らしランプ」という一般社団法人の存在を知ることとなりました。

「暮らしランプ」は福祉事業を中心としながら、日常の暮らしの少し先を明るく灯すような多様な事業を営む団体でした。大下さんはさっそく見学をしたいと暮らしランプに連絡してみました。その時、「今はカレー屋さんをしたり、ピアノの先生をしたり、いろんなことをつまみ食いしながら過ごしています。まだ自分で何をやりたいか決めきれていないけれど、暮らしランプにすごく興味を持って」と率直な思いを伝えました。それに対する返答は「カレー屋さんやピアノの先生すてきですね。ぜひ一度お話しませんか」というものでした。実際に見学をしたところ、暮らしランプの事業を見て回り、キャリアブレイク中の話をたくさんすることができ、とてもあたたかな時間を過ごしました。

暮らしランプの事業に、みんなで一緒につくり上げようという雰囲気を実感した大下さん。決まったマニュアルはなくとも、みんなで話し合いながら一緒につくっていく感覚が、カレー店の間借りプロジェクトとも共通しており、「なるほど、おもしろそうだな」と心から感じることができました。直感にしたがいアルバイトをすることを決めました。

アルバイトをはじめたのは２０２２年10月。そして3カ月後には正式に就職することになったのです。当初は神戸の実家から通勤していましたが、しばらくして京都に引っ越しもしました。最初の担当は、障がいがあるとされている方々と直接関わる福祉の現場。重度な利用者が多い現場でした。大下さんにとって利用者と交流できる現場は、楽しく心地よいものでした。日々生きていれば、無意識のうちに肩書きで人を判断してしまったり、偏った見方で評価してしまったりすることがあります。しかしこの現場では、人と人がただここに来て会えるから嬉しいと感じあえるのです。現場のみんなと会うことが、自然と日常に溶け込んでいるかのように感じられたのでした。正解や評価ありきの教育に違和感を覚えた大下さんだからこそ、ただ会えるから嬉しいという価値観が心地よかったのでしょう。

その後いったんは現場から離れて、利用者が描いた作品の展示会やイベントの企画・運営などの業務を担当しました。それ自体は楽しいものでしたが、利用者の状況をまだ深く知らない中で、対外的な発信をする自分

写真 5-3　こきゅうのカフェの様子

出所）暮らしランプ提供

の言葉がどこか表面的な気がして、いつしか携帯ショップの時のように大下さんはもどかしさも感じていました。ちょうどその頃に異動を打診される機会があり、大下さん自身も現場に戻ることを希望。２０２３年３月からは、就労継続支援Ｂ型事業「こきゅう＋（プラス）」での仕事を担当しています（写真５－３）。「こきゅう」するスピードのようにその人にあったペースでみんなが心地よく在ることを大切にする、という意味が込められた名称であるそうです。そこではカフェ、コーヒー、アート、軽作業、園芸、清掃など、様々な仕事があります。利用者と日々関わることで、大下さんの「みんなと過ごすことがすごく楽しい」という気持ちはずっと続いているそうです。

⑥　キャリアブレイクを終えて

大下さんはキャリアブレイクを「初めて自分で生きた」ものであり、言い換えれば「探検」であったと表現します。他者が表面上だけ話を聞けば、自分がやりたいことをやって楽しかった時期、と受け取られてしまうかもしれません。

しかしキャリアブレイクとは、家で寝ていても良しとされる環境です。自分で動かなければ、何も起こりません。やることの選択が、１００％自分に任されているのです。そして、やめようと思えばやめることができ、やろうと思えばいくらでもやれます。こうした特徴を、大下さんは「探検」と表現するのです。ただ、探検をするのは自分ひとりではなく、そこには仲間がいます。「いろんな人に本当に助けてもらったんですよ」と大下さんは振り返ります。「一緒に楽しんでくれたり、悩んでくれたり。ありのままの自分を受け入れてくれる、かけがえのない大切な存在」と仲間のことを大下さんは表現します。仲間がいるからこそ、自分で多くのことを選択できるようになっていくのでしょう。

いったん音楽の道から離れた大下さんですが、近所の方が今勤めている事業所にピアノを寄付してくれたことをきっかけに、最近では少しずつ音楽に触れ合う時間を取り戻しているそうです。福祉においても、音楽療法など音楽の役割は大きいものです。大下さんは、これからやっていきたいことと音楽をつなげることができればと考えています。

3　事例3　田尾丹里さん

①　大手IT企業に就職

田尾さんは大阪での大学生活を積極的に過ごしました。大学ではハンガリー語を専攻し、1年間ハンガリーにも留学しました。ハンガリー人の友人がほしいとも思い、留学した学校の近くにある大学の日本語専攻に自ら遊びに行き、多くの友人をつくりました。その時、ハンガリーの友人たちと結成したよさこいのチームは、今でもハンガリーで活動を継続しているそうです。

自分の今後の方向性に迷いがありながらも、就職活動では大手IT企業と2社のベンチャー企業、計3社から内定を獲得しました。3社を比較した時に直感としては、いずれかのベンチャー企業に入社した方が自分にあっているような気もしました。

ただ大手IT企業は、世間では誰も知らぬ者がいない有名企業。だからといって、親が直接的に田尾さんに入社を勧めたわけではありません。ところが結果的に、社会的な評価や周囲の期待を考え、田尾さんは大手IT企業への入社を選択していました。その大手IT企業に就職することに違和感がなかったわけではありません。採用面接の中で自分のやりたいことを訴えると、現場の社員たちから「うちの会社で、実際にはそんなことできないよ」と冷めた返事をされることが多かったのです。

しかし就職活動の過程で、田尾さんはロジカルシンキングの重要性を様々な人から強調されてきました。社会的な評価、会社の安定性、福利厚生などの条件を考えると、ロジカルに考えてみれば入社の選択はその企業になると田尾さんは思いました。また働き方の現実を諭してくれる現場の社員と違って、人事部の社員は「キラキラ」と見えたことも、田尾さんが入社を選択することについて背中を押しました。

② コロナ禍のさなか、広島に配属される

田尾さんが大手ＩＴ企業に入社したのは２０２０年の4月。長いコロナ禍が始まった時でした。半年間のオンラインの新入社員研修期間を経て、田尾さんが配属されたのは携帯事業の基地局関連部門。赴任地は広島でした。もともと田尾さんが配属を希望していたのは、ネット関連事業でした。しかし当時、会社としては携帯事業の成否が問われている時期でした。田尾さんだけでなく、多くの同期が携帯事業に配属されることになったのです。

田尾さんの仕事は、基地局でアンテナを建てる工事に関して、工事会社を1社担当してその進捗管理をすること。新しいことを覚えることは好きなので、最初はいろいろできるようになることをおもしろく感じました。しかし仕事に慣れてみると、ひたすら基地局の工事を進める日々。次第に田尾さんは、「これは私の仕事ではない」と感じるようになっていきました。

そんなある日のこと。仕事にマンネリ感を覚えながらも、田尾さんは工事会社の担当者と仲良くなり、強い信頼関係を築いていました。工事会社は繁忙な時期でしたが、携帯事業の基地局の工事も短納期で進めなければならない状況になっていました。無理を承知で、田尾さんは仲の良い担当者に仕事を急がせてしまったのです。担当者は田尾さんのためにもと、基地局の工事を急ぎました。急ぎの工事で無理を重ねたせいかもしれません。担当者は工事現場で電柱から落下し、怪我をしてしまったのです。

仲が良い関係でもあり、田尾さんは内心、担当者には時間の余裕を持ってゆったりと仕事をしてほしいと思っていました。しかし業務を進める以上、田尾さんは会社の方針にしたがわざるを得ません。「これは人に怪我をさせてまでやりたい仕事なんだろうか」と自問自答する日々が続きました。

③　淡路島との関係が深まる

職場の雰囲気は常にピリピリしていて、社内で打ち解けた人間関係を築くことはできませんでした。コロナ禍ということもあり、外出の機会もなかなかつくれませんでした。ハンガリーでは多くの友人ができたのに、広島ではなかなか友人をつくることもできない。田尾さんは「住む環境や働く環境を変えてみたい」と感じるようになっていきました。

そんな思いもあり、２０２０年12月頃には転職活動を始めてみました。転職エージェントに登録し、複数社の面接を受けました。しかし転職活動を続ける中で、違和感を覚えました。会社員ではなく、自由な働き方がしたいと思うようになったのです。そこで、自由に働く手段としてプログラミングを学びはじめましたが、結果的には挫折してしまいました。

そんな時のことです。田尾さんはＳＭＯＵＴというサイトに登録していました。それは移住スカウトサービスという地域の仕事の求人サイトでした。そしてＳＭＯＵＴを通じて、「淡路ラボ」という団体の代表の山中昌幸さんから、地域おこし協力隊の情報に関するダイレクトメール（ＤＭ）を受け取ったのです。「淡路ラボ」は兵庫県淡路市を拠点とする、淡路島全体をラボと見立て、インターンシップを中心に多様なプロジェクトの創出を目指す団体。田尾さんはまずは現地に行ってみようと、２０２１年６月に淡路市に赴いたのです。

直感的に田尾さんは淡路島が気に入りました。その後しばらくしてから、山中さんから淡路ラボのプロジェクトにプロボノ[1]（自分のビジネススキルをいかして行うボランティア）として参加しないかという提案がありました。田尾さんは、これも何かのご縁だと感じ、参加することにしました。当時は緊急事態宣言の最中であり、会社では出社が任意となっていました。そこで、山中さんに紹介してもらった淡路市の移住体験住宅を利用し、淡路島に1カ月移住体験をしました。日中はリモートで仕事を行い、終業後には淡路島の暮らしを体感するという生活でした。

田尾さんは、たった1カ月で淡路島を「自分の心と体が、素直にここが好きと感じられる場所だ」と感じました。住居と自然が近く、海や山にすぐアクセスできました。大企業の会社員というタイプの人と出会うことは、ほとんどありません。自分で事業をやっている人、自分なりの仕事をしている人が多いのです。もちろん、淡路島にも色々と課題や困りごとはあります。しかし出会う人々はそれに不平不満を言うわけでもなく、日々の暮らしを自然体で楽しんでいました。また、山中さんをはじめとして多くの人々が、田尾さんに淡路島の様々な人を紹介してくれました。田尾さんは、みるみるうちに世界が広がっていくことを感じました。そのようにして増えた知り合いたちは、２回目に淡路島を訪れた田尾さんに、「おかえり」と声をかけてくれました。これらの経験は、田尾さんにとって久しぶりに心地よい感覚だったのです。

④　大学生との共同生活

淡路島との関係を深めた田尾さんは、２０２２年２月に大手ＩＴ企業を退職し、淡路市に移住しました（**写真5－4**）。香川県丸亀市に住む田尾さんの両親は、良い意味で田尾さんを放任してくれていました。この時の

写真5-4　淡路島で暮らす田尾さん

出所）田尾丹里さん提供

田尾さんの決断を、「心配するのはやめた」と言いながら尊重してくれました。これが1回目のキャリアブレイクだった、と田尾さんは振り返ります。田尾さんは、無給のインターンとして、シェアハウスの立ち上げプロジェクトを担当することになりました。

それは田尾さんが、淡路島で様々な生き方をする人たちが出会いや交流する場をつくりたいという思いから、淡路ラボの山中さんに「いつか淡路島でシェアハウスやゲストハウスを運営してみたいんです」と何気なく喋ったことがきっかけでした。たまたま地元の工務店が、シェアハウス事業の立ち上げを検討していたのです。その工務店は、田尾さんを含めたインターンたちの住居としてのシェアハウスを用意してくれていました。

シェアハウスの立ち上げプロジェクトのメンバーは田尾さんと大学生3名で、計4人。シェアハウスでの共同生活には、別のプロジェクトに参加する大学生4名がくわわり、合計8人がシェアハウスで暮らすことになりました。大学生のインターン生は、春休みを利用して淡路島を訪れていました。その期間は、日々、みんなでご飯を作り、わいわいがやがやとプロジェクトの内容を相談していきました。プロジェクトの期間は6カ月間。春休み以降は田尾さんだけが淡路市に残り、大学生のインターン生とはリモートで連絡を取り合いました。

大学生たちは、田尾さんと打ち解けて接してくれました。久しぶりに人と一緒に過ごす時間が増え、田尾さんは毎日が楽しくてなりませんでした。プロジェクト期間が終了する頃、補助金の支給も決まり、シェアハウス事業は見事に立ち上がりました。シェアハウスの名前は「ココデトモル」。自分に「ただいま」と言え、みんなに「いってらっしゃい」を言える場所になりました。そこで集う人々は、自分の肩書が何かではなくて、自分がどうありたいかを考えながら交流することができます[2]。その事業を継続するために、田尾さんは工務店に正社員として採用してもらえることになりました。1回目のキャリアブレイクは、こうして終わることになりました。

⑤　2回目のキャリアブレイク

現在、田尾さんは2回目のキャリアブレイクを続けています。工務店でしばらく正社員として働きました。しかし、キャリアブレイクを経験したことで、肩書がない「ただの田尾」でいることに慣れてしまっていました。工務店もそうした田尾さんの気持ちを汲み取りながら環境を整えてくれましたが、もっと自分らしさを追求したいと考え、田尾さんは工務店を退職することにしました。

退職をした時に、周囲からは「どこへ移住するの」と質問されました。しかし当の田尾さんは、移住することは考えてもいませんでした。「全然ここにおるよ」と淡路島の仲間たちに返答しました。

現在の住居は、拾った猫1匹と友人2人で暮らすシェアハウス。今の田尾さんのテーマは、生きる力を身につけること。友人の狩猟についていき、狩猟免許も取得しました。またシェア畑のような形で農家の手伝いをし、野菜も収穫しています。釣りをすることもあります。第一次産業との距離が近い淡路島の暮らしでは、お金だけに頼らない生き方の身軽さを実感しています。

⑥　キャリアブレイクを振り返って

田尾さんにとって1回目のキャリアブレイクとは、デトックス（毒抜き）の機会であったそうです。大学までは、いつも正解があると感じていました。だからこそ、入社の選択も正解を選んだつもりでした。しかし、社会では正解があるとは限りませんでした。正解だったはずの2年間の会社生活で、思考の方法、生活リズムのつくり方など2年分ぐらいの毒がたまってしまったと田尾さんは感じています。大手ＩＴ企業の仕事をしている自分を田尾さんは好きになれず、自信もありませんでした。そんな自分が誰かと交流することにも積極的になれない。だからこそ「友人もできなかったし、気力がなくなり、休みの日もぼーっとしていた」と田尾さんは振り返ります。

淡路島でも当初は会社での生活とのギャップが大きく、「それはしんどかった」と田尾さんは語ります。やりたいことが明確だったわけでもありません。シェアハウスのインターンが一番やりたいことだったわけでもない。「なので、ぐちゃぐちゃしてましたね」と田尾さんは振り返ります。しかし、そうした試行錯誤の中で「こういう暮らし方が好き」、「こういう働き方がしてみたい」と自分の方向性が見えてきた。それが1回目のキャリアブレイクであったそうです。

ただ1回目のキャリアブレイクでは、人から期待されて、色々とやりすぎてしまうことがありました。淡路島の人は優しく、良い意味でおせっかい。「こんなことやりたいなら手伝うよ」、「一緒にやろう」と田尾さんに声をかけてくれました。田尾さんもその期待に応えたいと思い、つい様々なプロジェクトを平行して手掛けることに。あまりの忙しさに、ついぼんやりして自動車事故を起こしてしまったことがありました。

田尾さんは「私は何をしとんや」と思い、立ち止まり、いろいろなことを手放してみることにしました。2回目のキャリアブレイクは、まだ手放すことを試している段階です。そのうえで、自分の直感を信じて次のステップを見出すことがテーマだと考えています。

ただ次にやりたいことは決まっています。それは鍼灸師になるために、学校で学ぶこと。鍼灸の医学的な考え方、価値観を田尾さんは気に入っています。淡路島に住んでいると、忙しく働く環境で元気をなくした友人が訪ねてくることもあるそうです。そんな人たちを淡路島の様々な人につなげ、海や山に連れて行き、元気を取り戻してもらう役割を果たしたい。そのために、鍼灸という自分の武器がほしい。

田尾さんはキャリアブレイクを通して、ありたい自分である時間が増え、肩書など社会や他者を気にしすぎる囚われから解放されたと感じています。だからこそ、自分自身で蓋をしてしまった直感や感性が目覚めてきています。もっと新しい扉を開いてみたい。田尾さんは、そんな2回目のキャリアブレイクとしての未来を描いています。

4　事例4　三分一直瑠さん

①　退職代行を使って、家電量販店を退職する

三分一直瑠《さんぶいちなおる》さんの大学生活は、海外実習の授業でリーダー役を務めるなど充実したものでした。実習の内容はインドネシアのバリ島で、児童養護施設を2週間支援するプロジェクト。インドネシア人と日本人学生でチームを組み、英語、インドネシア語、日本語をお互いに使いながら交流しました。異文化交流や福祉に興味を持った貴重な機会でした。

大学生活は充実していましたが、三分一さんが就職活動をしたのは2020年で、コロナ禍の真っ只中でした。そうした状況もあってか、三分一さんはそれほど気乗りしないまま就職活動を進め、家電量販店から内定をもらうとすぐにそこへの就職を決断してしまいました。

傍目からは、三分一さんは誰にでも気楽に接し、感じよく振る舞うタイプに見えるかもしれません。そのため、家電量販店でも上司から好かれていたそうです。そうした特性もあり、三分一さんは信頼され仕事を任されるようになっていきました。しかも、営業成績を問われる職場環境でもありませんでした。おそらく職場の人間からは、自分はうまく順応しているとしか見えなかったのではないか、と三分一さんは振り返ります。

気楽に人に接するように見える三分一さんですが、実は他人の言動に敏感で、必死に人にあわせて振る舞っていました。また正義感が強いところもあります。家電量販店の職場は、年功序列で上意下達的なコミュニケーションが横行する雰囲気がありました。三分一さん自身は仕事を任されていても、同期である他の若手に

は、まったく仕事を任されない人もいる。そんな現実を三分一さんは許せないと思うようになっていきました。

ある日のことでした。帰省していた広島の実家から、家電量販店のある大阪に戻る新幹線の中。もし自分の人生が明日終わると仮定したら、もうあの職場で働くことは無理だという思いがふつふつとわいてきたのです。そのタイミングで三分一さんは、退職代行を使って退職することを決意しました。家電量販店で働き始めてから1年半ほど経った時のことでした。

家電量販店の仕事は自分の価値観と合わないと思うようになってから、退職代行については詳しく調べていました。いざ退職しようとしても、上司などから「今辞めるなんて早すぎる」、「うまくやっているおまえがなんで」などと反応されることを三分一さんは恐れました。そこで、退職代行で踏ん切りをつけよう、そうでもしなければ辞めることはできない、という判断に至ったのでした。

②　大学のキャンパスに顔を出す

三分一さんが退職代行をお願いしたのは、広島から大阪に帰る新幹線の中でのこと。もう夕方でした。退職代行の担当者はその日のうちには、家電量販店の人事関係の担当者と連絡を取ることができませんでした。翌日は、本来なら出勤日。無断で出勤しない状態になるため、何かトラブルが起きることを恐れ、三分一さんは新幹線から自宅には戻らず、友人の家に避難して状況の推移を待ちました。ただ実際には何も起きず、円滑に三分一さんは退職することができました。

いざ現実に退職ができてしまった後の日々を「せかせかしていた」と三分一さんは振り返ります。もともとは、1～2週間くらいは休みを取れたらいいと考えていました。しかし働いてから1年半なので、そんなに貯金もありません。また広島の実家に住む親には相談もせず辞めてしまったので、この段階で連絡することには躊躇がありました。雇用保険の受給手続きをしてみると、早期の就職を条件に受給できる手当の説明などが目に入ります。早く就職しなければと、三分一さんの焦りと不安は大きくなりました。

そんな焦りと不安で「せかせか」した日々の救いとなる出来事が2つありました。第1の出来事は気晴らしに伊勢神宮に参拝した時のこと。もともと三分一さんは、時間に余裕があると近場の地域で電車に乗ることが好きでした。伊勢神宮への参拝も、電車で往復しました。参拝の帰り道、リラックスした気持ちでネットを検索していたところ、無職の人が集まるキャリアブレイク研究所の「おかゆホテル」の記事が目に留まったのです。普段であれば、初対面の人と接する場に積極的に参加するタイプではありませんでした。しかし時間もあるし、こういう時には少し勇気を出して参加してみようと三分一さんは考えたのです。まさに伊勢神宮に参拝した効果だったのかもしれません。当時は事例2の大下真実さんら、おかゆホテル第1期生とでも呼ばれるべき人々が、キャリアブレイク研究所で交流を深めていた時期。三分一さんはキャリアブレイクという言葉を知り、また境遇を語り合える仲間と知り合うことができたのです。

第2の出来事は、時間もあるし、ちょっと挨拶も兼ねて後輩に会いに行こうかと、卒業した大学のキャンパスを訪れた時のことでした。率直な気持ちとしては、そこで出会った誰かから「社会に出て、そんなすぐに会社を辞めるなんて」と否定的な反応をされるかもしれない、という心配がありました。ところがキャンパスではインドネシアのバリ島の海外実習に同行していた先生と再会し、「退職はいい選択だったね」と声をかけてもらえたのです。三分一さんはそこで初めて、自分の選択を社会から認めてもらえたような気持ちがしたそうです。

③ やりたい仕事との偶然の出会い

三分一さんに声をかけてくれた先生は、ちょうど学部長になるタイミングでした。先生は「学部長秘書というう仕事があるから、しばらく大学でアルバイトをやってみないか」と提案してくれました。卒業した大学のキャンパスにちょっとした期間戻ることができる、という環境に心地よさを感じた三分一さん。学部長秘書をやってみることにしました。

学部長秘書のアルバイトをしながら、大学では自由な時間を使って本を読んだり、思いを巡らせたりすることができました。それは三分一さんにとって貴重な時間。本当に自分の好きなこと、興味が向く方向をじっくり考えることができたのです。そうした時間の中で、三分一さんには見えてきた方向性がありました。本当は弱くないけれども弱い人たちを支えたいという思いです。

本当は弱くないけれども弱い人たちとは、どういう人たちなのでしょうか。三分一さんはそれを「通常の状態であれば仕事をすることにまったく支障がないのに、様々な理由で仕事を続けることをしんどいと思い、社会から一歩引いた状態にある人たち」と表現します。その人たちは、本来は強い心を持っているのに、世間的には厳しい目で見られてしまう。おかゆホテルでキャリアブレイクの境遇にある仲間と交流して、そんな状態にある人たちのことを三分一さんは意識するようになっていったそうです。その人たちを支援するためには、心理学やコーチングなどを学ぶべきだろうか。具体的な次の取り組みについて、三分一さんは思いを巡らしていました。

そんなある日のことでした。学部長になった先生の研究室で、外部の団体との打ち合わせが行われていました。その打ち合わせが終わった後、三分一さんは研究室に呼ばれ、その団体の人と急に面談をすることになったのです。その団体こそ、現在の三分一さんの勤務先である「一般社団法人よりそいネットおおさか」。よりそいネットは、刑務所出所者等の社会復帰支援などを目的とする団体です。かねてから、本当は弱くないけれども弱い人たちを支援したいという三分一さんの思いを聞いていた先生は、この団体がその思いに合っているのではないかと考えたようでした。

よりそいネットは、ちょうど採用を検討しているタイミングでした。その翌週には三分一さんは面接を受けることになりました。三分一さんとしては、就職活動を始めるつもりはまだありませんでした。しかし、先生は「よりそいネットのやっていることは、あなたの言ってることに通ずるのではないか」と背中を押してくれました。話はとんとん拍子に進みました。まずは２０２２年の12月に４カ月間のお試し期間としてアルバイトという形で入社。その後は正職員として働いています。

④ キャリアブレイクを終えて

三分一さんは、よりそいネットという福祉業界の仕事を自分が見たことのない景色のように思い、新鮮に感じています。新鮮であると同時に、自分が感じていた問題意識に幅広く通ずる世界であるとも感じています。具体的な業務内容は、障がいがあったり、高齢であったりすることで、刑務所から出所した後の社会復帰に困難さが予想される人の受け入れ先や支援者を探し、つないでいくという仕事です。人の人生を支えるという専門的な仕事であり、まだまだ経験が浅い自分には難しい内容だと自覚しています。経験が浅いながらも、出所者が刑務所にいる間に足しげく通い、何回も面談をして心をひらいてもらう努力をするなど、丁寧なコミュニケーションを心がけています。三分一さんの上司は「いろいろ学んで、次のキャリアとかにも活かせたらいいよね」と声をかけてくれるので、ある意味では気楽に、同時にやりがいを持ちながら仕事をすることができています。

刑務所に入った人たちの多くは、凶悪な罪を犯したというよりは、窃盗や覚醒剤などに関わる罪を犯した場合が多い、と三分一さんは語ります。そうした人たちが加害者であり、地域に迷惑をかけたことは事実です。しかし同時にそうなってしまったことには家族や地域の環境などにも原因があり、本人たち自身が困っている人でもあるわけです。今の仕事を続ける中で、三分一さんにはこうした社会課題がはっきりと見えるようになってきたと感じています。

三分一さんはキャリアブレイクとは自分にとって、本当に興味がわくもの、わくわくする面白いものが何かということについてヒントを得ることができた機会だったと感じています。キャリアブレイクがもう少し長ければ、さらにその真髄まで見つかっていたかもしれません。あるいは、大事なものを逆に見落としていたかもしれません。

たまたま三分一さんの場合、よりそいネットに入社するという機会が偶然にも訪れました。そんな偶然の機会があったからこそ、縁や引き寄せたものを大事にしていきたいと考えています。ただ、キャリアブレイクになれば、無条件で興味がわくものを理解できるわけでもないと三分一さんは語ります。たとえば本を読むなど、何かしらの行動をするからこそ、自分にとってのわくわくする面白いことが理解できていくのでしょう。

またキャリアブレイクでは、おかゆホテルなどの機会を通じて、自身と同じ心情の人たちと出会い、普段、話せないことを話し合うことができます。同じ境遇の仲間が、普段出会わない少し距離のある他人だという良さもある、と三分一さんは考えています。距離のある他人だからこそ、いちいち気を遣わずに、自分の今の思いの丈や自分の状況を話すことができます。それはある意味、言いっぱなしであり、それについてこうすべきだ、などと指示や助言をされるわけでもありません。共感しあっている人間同士だからこそ、気を遣わずにただ話す。だからこそ見えてくるものがある。それもキャリアブレイクの醍醐味の1つなのだ、と三分一さんは考えています。

5　事例5　高橋遥さん

①　地元に戻る

高橋遥さんは、大学では栄養学を学び管理栄養士の資格も取得しました。しかし、自分は接客に興味があると思うようになっていきました。そこで大学卒業後は大手アパレルに就職し、総合職として店長を目指しました。京都の店舗に配属され、必死に仕事を覚えていきました。

しかし店長代行になった頃です。指導的な立場のため、だんだん接客そのものからは離れていくことになりました。またいつでも成長が重視され、求められるレベルに技術が達しているかどうかだけで自分を判断されることにも、疲弊していきました。振り返ってみると周囲の人に、もっと同じ目線で自分の意見を聞いてもらいたかったのかもしれません。高橋さんは1年半ほど勤務した後に、その会社を退職。地元の広島に戻ることにしました。

しかし高橋さんは地元に戻ることに葛藤がありました。両親には学費を負担してもらい管理栄養士にまでなったが、その道では就職しなかった。そのうえ、好きな接客をしたいために就職した会社もやめてしまう。そのことで高橋さんは両親に対して、申し訳ないと思う気持ちがありました。ただその頃、母親の病気が発覚し、そばで力になりたいと思うようになり、大手アパレルを退職し地元に戻ることを決断したのです。

② 様々な仕事を経験する

広島では転職支援サービスに登録し、就職する企業を探しはじめました。転職エージェントに言われるがまま、向いてると言われた企業の面接を受けてみました。その過程の中で、大手企業に就職することを重視している自分に気づかされることになったのです。大手企業の最終面接で「本当にこの仕事をやりたいんですか」と問われた時に、大手だから受けている自分を見透かされたような気持ちになりました。

その後は大手であることにこだわらずに様々な企業の面接を受け、自分のやりたいことを探すことにしました。そんな時にいよいよ母親が手術をして、1カ月ほど入院することに。母親のサポートをするために時間の余裕がほしいと考えていたところ、家から通える場所でスターバックスのオープニングスタッフの募集があることに気がつきました。もともとスターバックスは働く人の教育に力を入れているという評判を聞いていたので、興味がありました。さっそく応募したところ、母親の看病をする時間が確保できる働き方が可能なことを確認できました。そこで高橋さんは、オープニングスタッフとして働くことを決めました。

さらに週1回は、ウェディングプランニングを学べる社会人向けの学校に通い始めました。実は高橋さんは、高校生の時にはウェディングプランナーになりたいと考えていたのです。しかし大学に行ってほしいという両親の期待に応えたいと大学進学を決意。その時、頭の片隅にあった教師という道と、人生の中で最も大切な栄養学を勉強してみたいという自らの願いを叶えるため栄養学科へ。専門学校で学んでウェディングプランナーになるというキャリアを、高橋さんは断念しました。ところが調べてみると、大学を卒業してからウェディングプランナーになっている人も多いことに気がつきました。しかし、ウェディングプランナーは人気があり狭き門。そこで平日はスターバックスで働き、週1回は学校に通い、週末は結婚式場のアルバイトスタッフとして経験を積むという生活を始めました。ただアルバイト中心の暮らしでは、給料が安定しないと思う気持ちも正直なものでした。

そこでその生活を1年続けた後に、正社員としてのウェディングプランナーの採用に挑戦しました。その結果、見事に採用され、正社員のウェディングプランナーとして働くことになりました。

③　留学を志す

ウェディングプランナーとして着実に経験を積んでいった高橋さん。将来的な結婚なども見据えると、30までにやりたいことをやりきってしまおうと考えるようになっていきました。そこで、常々挑戦したいと思っていた留学を真剣に考えることに。ウェディングプランナーとして働く会社にも、留学に行くことを告げました。しかしいよいよ留学に行こうとした矢先、コロナ禍が発生してしまったのです。

もともと会社をやめると宣言していたうえ、コロナ禍で結婚式も相次いで中止になる状態。高橋さんはウェディングプランナーとして働く会社を退職しましたが、コロナ禍でビザが出ず留学もできませんでした。やむなく当面の仕事としてコールセンターで契約社員として働き、スーパーバイザーの役割を務めました。コールセンターの仕事は対面による接客ではありません。そこで気がついたことは、自分はやはり対面による接客が好きだということ。その後、一時的に契約社員として百貨店のアパレルの仕事なども経験する中で、もっと幅広い客層に自分の心を届ける仕事をしたいという気持ちを知ることになりました。その頃になると、コロナ禍も落ち着きをみせていました。ついに、学生ビザで念願のカナダ・バンクーバーに留学できることに。2021年3月のことでした。

④　カナダで感じたこと

カナダではCo-op（コープ）留学という仕組みを利用しました。コープ留学は、学生ビザで利用可能。学習とともに、有給インターンシップで本格的な就労も経験できます。ワーキングホリデーと似ている部分もありますが、学習が二本柱の1つになっている面で異なります。

高橋さんは就労先としてスターバックス、あるいは不動産事業としてホームステイやシェアハウスを運営している会社などを選びました。留学前からオンライン英会話を毎日行うなと努力してきましたが、やはり英語の習得は大変でした。スターバックスは他に日本人がいない店をあえて選びました。レジを担当すると、注文内容を聞き取ることができず、同僚に来てもらい対応しなければいけないこともしばしば。しかしそうした努力は苦しいというよりも、高橋さんにとっては楽しいものでした。

カナダで暮らしていく中で、気がついたことがありました。日本では、個人は何かの条件で判断される存在のように思えました。それは性差や年齢かもしれません。あるいは日本のしきたりを守ることができるか、という条件かもしれません。しかしカナダでは人は条件に合わせて生きるのではなく、自分はどう生きたいかと思うかということが重要でした。

たとえばカナダでは履歴書に写真を貼りません。また履歴書に年齢や性別を書く必要もありません。その人が何をしてきたのか、その実力だけが問われます。もちろん、実力だけが重視される社会は厳しくもあるでしょう。しかし高橋さんはそうしたフラットな環境でこそ、自分の人生を切り拓いていきたいと思ったのです。

またカナダでは本当に些細なことでも、誰もが真正面から褒め合う習慣があります。スターバックスの業務でちょっとうまくいったことでも、皆が「Amazing!!」と褒めてくれます。その時感じたことは、日本人は当たり前のことを見過ごしているということ。当たり前だと思うから、お互いを褒めないのかもしれません。些細なことでも感謝を伝えあったり、褒め合ったりする文化があれば、もっと多くの人が自分を認められるようになるのではないか、とも感じました。

⑤　キャリアブレイクを終えて

高橋さんは当初、カナダから日本に戻った時には、英語力をいかして就職したいと思っていました。そんな時にたまたまX（当時はツイッター）の投稿で、今の会社（株式会社ＣＲＡＺＹ）に入社した人が変化していく様子に気がついたのです。その人は単に仕事をこなすのではなく、個人として自分の人生を生きるために仕事をしているように見えました。

カナダと日本の違いを感じ、個人として自分がどう生きたいかという点を重視するようになった高橋さん。この会社に入社してみたいと思いました。そこでカナダからオンラインで採用面談をすることに。その結果、その会社の姿勢はとことん個人が納得するまで面談を続けるということだとわかりました。面談では、人生で本当に何をしたいのかという本質的なことが問われていきました。そうした会社の姿勢に強く共感した高橋さん。帰国後に対面でも面談を行い、正式に入社を決めました。現在はその会社で、人生の節目である結婚式をトータルプロデュースする仕事であるウエディングプロデューサーを担当しています。

今では高橋さんは、お客様のいろいろな人生に等身大で向き合えるようになったと感じています。結婚式はお客様の人生の表現そのもの。その中には、肯定的な経験も、否定的な経験もあります。高橋さんは自分自身が多様な経験をしてきたおかげで、そうした否定的な経験も含め、よりお客様に寄り添い共感できるようになったと感じているのです。

キャリアブレイクについて高橋さんは、その期間だけがゆっくりしたものであり特別なものであったとは感じていない、と振り返ります。高橋さんは、すべての瞬間が自分の人生であり、その時その時を一所懸命に生きてきたと感じているそうです。それぞれの瞬間がすべて今の自分をつくってくれた大事なものであるのに、なぜキャリアとキャリアの間だけをブレイクとして強調するのかな、という気持ちもあるそうです。ただ、今の日本はワークキャリアだけをキャリアと見なしてしまう。だからこそ、キャリアブレイクという言葉は重要であるとも考えています。

もし最初の転職が正社員から正社員への移行だったとすれば、この考え方には達していなかったと高橋さんは振り返ります。正社員からフリーターになってアルバイトで生計を立て、その時に自分の人生がどうあるべきか必死に考えました。だからこそ、自分自身で何が必要なのかを逆算して組み立て、その結果キャリアの目標に到達できたことが自信になっていると高橋さんは考えています。

カナダでは誰もがマイノリティではなく、自由に生きていました。何がマジョリティで、何がマイノリティなのか。それは自分が勝手に感じてしまうものなのかもしれません。ただ、今の日本は、各人がマジョリティとマイノリティの線引きを強く感じてしまう社会のように思えます。自らの経験を伝えることで自分の人生はこれで大丈夫だ、と思える人が誰かひとりでも増えれば。そういう願いを込めて自分の経験を伝えていきたい、と高橋さんは語ってくれました。

6 事例6 小堀弘樹さん

① 新卒としての入社後に覚えた危機感

大学時代は体育会でラグビーに打ち込んできた小堀弘樹さん。体育会の経験をいかして営業で活躍できますと自己PRし、見事に2012年に大手電機メーカーに入社。太陽光発電の業務に携わりたいと志望し希望どおり、大阪の太陽光発電の販売会社で営業を担当することになりました。

ところが、入社する直前からその会社は数千億の赤字を計上。親世代の価値観にも影響され、当初は大きな企業に入って勤め上げれば安泰という考えを持っていた小堀さん。しかし入社1カ月目ぐらいから、早くも自分の将来はこのままでいいのかという危機感を持つことになりました。新卒として入社後の早い段階で自分を見つめなおす機会があったことは、今となれば良かったと小堀さんは振り返ります。

そこで、小堀さんは自己分析に着手しました。自己分析した結果は、大きく2つ。第1に、自分はアウトサイダー精神でやってきた、ということ。ラグビーにおいても、自分より強い相手に一矢報いることを目指してきました。今後の人生でも保守本流として生きるのではなく、なにか「爪痕を残す」ことを心がけたいと考えました。

第2に、「言葉を書く」という方向性を目指したいということ。考えてみれば小堀さんは、学生時代から文章を書くことが好きで、当時はコピーライターを目指していたのです。しかしコピーライターで成功できるのは、ほんの一握りの人。そのため、その夢は無意識のうちに諦めていたのでした。その夢の実現への道のりは厳しい。そこで小堀さんはコピーライターの本流を目指すのではなく、コピーライターと何かを掛け合わせた専門的な領域を目指そうと考えたのでした。

② ハッカソンコミュニティでの出会い

方向性を定めた小堀さん。まずは働きながら、週末はコピーライター養成講座に通うことにしました。くわえて専門性を高めるため、ハッカソンのコミュニティでも活動を始めました。ハッカソンとはハックとマラソンを掛け合わせた造語です。ＩＴ関連のテーマに関して、一定期間以内で成果物を競うコンテストのようなイベントです。当時は日本におけるハッカソンの黎明期。首都圏では、まだハッカソンの開催は限定的でした。その関西は一歩進んでいて、毎日放送がハッカソンを番組で取り上げる動きなども出始めていました。そのハッカソンで「コピーライター×ＩＴ」の実現を目指して行くことになります。

熱心にハッカソンに取り組んでいた小堀さんは、その社外の人間関係の中で、偶然にも自社のデザイン部門のキーパーソンと知り合うことになります。本来、会社の内部だけで活動していたのなら、太陽光発電の販売会社に所属する小堀さんと、本社のデザイン部門には接点がなかったはずでした。しかしそのキーパーソンと小堀さんは意気投合。小堀さんは何くれとなくキーパーソンに相談するようになりました。

入社して3年が経ち、社外での経験も積み、販売会社の仕事と自分のやりたいことの乖離が大きくなった小堀さん。キーパーソンに「会社を辞めて、コピーライターを目指していきたい」と打ち明けました。しかしキーパーソンは「今、辞めようと思うなら、社内で宣伝部とか経験した方がいいんじゃないかな」と助言してくれました。それだけでなく、実際に社内で異動の調整を行ってくれました。その結果、小堀さんの宣伝部への異動が実現したのです。

③　宣伝部から転職

社外での活動が大きな転機となった小堀さん。東京の宣伝部へ転勤し、やりたいことであった広告の仕事に、顧客側として携わることになりました。ただ、将来の転職は、常に小堀さんの視野に入っていました。そこで顧客側の経験だけでなく、作り手としての研鑽も怠りませんでした。

具体的には、著名なコピーライターである小霜和也さんとアートディレクターである米村浩さんが主宰する広告クリエイティブ理論・手法を養成する私塾（ノープロブレム無料広告学校、現在は活動停止中）で学んだのです。業界では有名な私塾であり希望者は多く、入学倍率は高倍率。狭き門を突破し貴重な学びを得た小堀さん。宣伝部の経験とも相まって、着実に広告領域の専門性を培っていきました。

顧客側ではなく、制作者としての経験をさらに積みたくなった小堀さん。宣伝部で2年間の経験を積んだ後に、転職活動を始めました。そんな時に小堀さんを「自分の会社に来ないか」と誘ってくれたのは、ノープロブレム無料広告学校で知り合った、学校では1期下にあたる友人。友人の会社は購入型クラウドファンディングプラットフォーム（応援購入サービス）を展開するスタートアップ企業でした。

友人はその企業で、新規事業部門を立ち上げていました。その新規事業とは、大手メーカーが対象。大手メーカーが構想段階の研究開発技術をプロデュースし、製品やサービスとして仕立て、それを応援購入サービスのプラットフォームを活用して世の中にお披露目をするという新規事業でした。制作側であると同時に、大手電機メーカーの経験と「コピーライター×ＩＴ」の専門性を活かせる独創性の高い仕事。お蔵入りしていくメーカーの技術や思いをクリエイティブとＩＴの力で世の中に出せることに、小堀さんは運命的な仕事に出会えたと感じ転職を決断しました。

④　仕事に打ち込むが、体調を崩す

期待どおりに、転職先の仕事は楽しいものでした。様々な大手メーカーの名だたる人々と、真剣勝負の協議を重ねました。新規事業部門の利益も順調。会社全体が上場を目指していく中で、それに大きく寄与するほど利益を上げました。

しかしその新規事業部門の中核メンバーは、取締役、誘ってくれた友人、小堀さんのわずか3名。限られた陣容での4年間の激務は、ボディーブローのように小堀さんの体調に影響していきました。慢性的に睡眠不足だっただけでなく、運動習慣はなくなり、食生活に気を配る余裕もありませんでした。

それだけでなく、小堀さんは他人の気持ちが人一倍気になる性格。仕事の進め方も自分で自由にやるのではなく、上司がこうやってほしいと思うという方向性を敏感に察していました。そのため、その方向性にあわせて自分が折れる方が話が早いと考えるようになりました。自分を押し殺した仕事を進めてきた結果、小堀さん自身が突然で驚くほど、体調が一気に悪化してしまったのです。２０２1年の5月のことでした。

折あしく、ちょうど新卒で入社した大手メーカーの取り組みを受注したタイミングでした。小堀さんは、お世話になった会社と一緒に新規事業を立ち上げることができると狂喜乱舞しました。まさに、故郷に錦飾ることの実現。しかし小堀さんは自分の体調を考えると、その仕事の担当をあきらめざるを得ませんでした。泣く泣く仕事を引き継ぐと、緊張の糸が一気に切れました。食事は喉を通らず、眠ることもできず、適応障害・抑うつ状態と診断されました。小堀さんは半年間、完全に会社を休むことになりました。

⑤　キャリアブレイクで、自分のルーツを探る

小堀さんは、それから2カ月間はとにかく休養に専念しました。そして3カ月目くらいから徐々に活動できるようになっていきました。自分らしく仕事をできていなかったことに、体が悲鳴をあげた。そう考えた小堀さん。その時に心をよぎることがありました。

「あんた生まれたときな、亡くなったお兄さんに顔が似てると思ったんや」。14歳の時に、小堀さんは祖父母からこう言われたのです。それ以来、小堀さんは大伯父のことがずっと気になっていました（写真5－5）。

自分のルーツが知りたい。大伯父とは何者なのか。そして祖父はどういうルーツをたどってきたのか。今ここで聞かなければいけないという切迫した焦りが小堀さんを突き動かしました。

季節は夏へと変わっていきました。「おじいち

写真5-5　大伯父さんの写真（左側の人物が大伯父）

出所）小堀弘樹さん提供

ゃん、今度大阪にゆっくり遊びに行ける時間ができたんだ。そこで1つ、お願いがあるんやけど」。小堀さんは93歳の祖父に電話でこう切り出しました。説明を聞いた祖父は、すべてを察したかのようでした。「なるほど。あんたそれは、言うたらファミリーヒストリーやな。なんでも話したるさかい、来なはれや」。

大阪の祖父の家を訪れた小堀さん。祖父のルーツを聞いた後、いよいよ話は大伯父のエピソードへと移りました。祖父より11歳年上の大伯父が、日本軍のインパール作戦に従軍し、ビルマ（現ミャンマー）で亡くなったことだけを小堀さんは知っていました。

祖父によれば、大伯父は「はしかい人」だったそうです。はしかいとは、すばしっこく、抜け目なく、賢いというような意味。そして、彦根高商を卒業する時には将校になれると言われたほど優秀な人。いわゆる幹部候補生で陸軍甲種合格だったそうです。また当時の名古屋発動機製作所（現三菱重工）で零戦の設計をしていました。それほど優秀であれば、本来なら南京の士官学校に入っていたはずです。しかし、すでに戦局は悪化。指揮をとる人材も払底していたのか、インパール作戦の最前線に召集されることになったのです。

日本を発つ港では、その優秀さゆえに、大伯父はすでに隊列の外に立って指揮を取っていたそうです。大伯父の母が最後に港へ見送りに来た暑い夏の日。大伯父は母に三ツ矢サイダーを買ってきて欲しいと頼みました。しかし港に三ツ矢サイダーは売っていませんでした。その後、母は死ぬまで三ツ矢サイダーを買ってあげることができなかった心残りを口にしていたそうです。そのため祖父はずっと、月命日の15日に三ツ矢サイダーを仏壇に供えることを忘れたことはありませんでした。

大伯父はインパールの手前にあるフミネという場所の野戦病院で亡くなったそうです。脚気とマラリアでした。対応してくれた軍医がたまたま隣村出身の人で、前線に幹部候補生がいることを不思議に思い、遺体の指だけ切って、焼いて、骨を大阪に持ち帰ってくれたそうです。

また祖父は小堀さんに大伯父の日記を見せてくれました。そこには、こんな一行が綴られていました。「家より電報くる。應召かと青くなる。心構が大切と一層痛感する」。

それを読んで、小堀さんはこう思いました。大伯父は優秀な人で、戦争も積極的に捉えていたと周囲からは思われていた。そして優秀すぎるゆえに、歴史に残る無謀な戦いとされるインパール作戦に従軍した。しかし心から戦争に行きたいと思っていた人など、誰もいないのではないか。大伯父も自分の本心を殺し、騙し、未練を残し、出兵したのではないか。

さらに小堀さんは心からこう思いました。現代人は指一本で、スマホで語り継ぐことができる世代。身近に戦争を知る人がいるなら、今のうちに話を聞きに行こう。そして聞くだけで終わらせずに、自分の親指でスマホを動かそう。あらためて小堀さんは、自分にとっての書くことの重要性を見つめなおしました。

⑥ 書き続ける

大阪では尊敬するコピーライターの日下慶太さんにも、休職した経緯を告げたうえで助言をあおぎました。もらった助言は「書き続けようか。書き続けるしかないね。それしかない。一発大きいのを狙うのではなく、書き続けよう」というもの。さらに「迷子」と書かれたシールをもらいました（写真5－6）。

小堀さんは、その後、日本屈指のディープスポットと呼ばれる西成で3日間過ごしました。西成の飲み屋では、初対面の人から心に刺さる言葉をもらいました。1軒目では「兄ちゃん知ってるか。京都十代、東京三代、大阪一代やで。一代目でも人を受け入れて仲良うなる。それが大阪や」という言葉。意気投合した後の2軒目では「兄ちゃん、夢あるか。夢を持つ人はええで。儲ける時もある。損する時もある。ちょっと失敗し

写真5-6　日下慶太さんにもらった「迷子」と書かれたシール

出所）小堀弘樹さん提供

て、遠回りすることもある。けど、諦めへんことやね。それが大事やと思う。知らんけど」。さらに「兄ちゃん、身体壊してこっち戻ってきたんか。まあそういう時期もあるわなぁ。大阪いる時はな、何も考えんでええ。今を楽しみや」。大阪一代という言葉どおり、初対面の人が親身になって小堀さんを気にかけてくれたのでした。

上田假奈代さんが「詩業家」として主宰するココルームにも、西成に滞在した3日間、毎日通いました。ココルームは喫茶店でもあり、ゲストハウスでもあるNPO法人。お客である知らない人同士が、「こころのたねとして」＝「こたね」という詩のワークショップ行うことができます。お互いのエピソードを聴き合って、聴いた相手のエピソードを元に詩をつくり、相手に贈るのです。小堀さんは、詩のすばらしさ、書くことのすばらしさを実感します。西成で「迷子」であった自分の道が見えたように思いました。

⑦　文香ヒロになる

西成から東京に戻った小堀さん。その頃、さらに自分について思い出したことがありました。大学のゼミでの論文は香りについて書いていたのです。精油が人間の心に及ぼす影響について興味がありました。当時は、香りの図書館で香りの文献を調べるようなこともしていました。

そこで、改めてきちんと勉強しようと、8月からはアロマブレンドの講座などに通い始めました。講座を終了し、天然精油についても一通りの知識を得た小堀さん。さっそくそれを活かしたいと思い、フォトグラファーの友人に、彼の個展で香りと言葉をコンセプトにして演出させてほしい、と依頼しました。

小堀さんは、休職の経緯や西成などでの出来事を友人に説明しました。友人は小堀さんの依頼を快諾してくれました。その個展は、屋久島がテーマの写真展でした。小堀さんは屋久島に関する詩と、屋久島の材料を使った香りを提供。個展に彩を添えることができました。

その時、友人が「文章と香りの活動では、小堀弘樹という名前はやめた方がいいよ」という助言をしてくれました。その名前のままでは、いつまでもラグビーが根底にあるアイデンティティの自分になってしまうというのです。もっと、文章と香りに関わる自分を打ち出すべきだ、という趣旨でした。

友人と幾度も壁打ちしながら考え出したペンネームは「文香ヒロ」。ラグビーを想像させない中性的な名前でした。「コピーライター×ＩＴ」という方向性が「文章×香り」に発展し、小堀弘樹という自分だけでなく、文香ヒロという自分も誕生させたのでした。

⑧　キャリアブレイクを終えて

半年間の休職期間を終えて会社に復帰した小堀さん。休職前の職場から採用・教育部門に異動しました。そこで労働時間などを調整しながら、無理をしないように心がけ、徐々に会社の業務に取り組んでいきました。また、自分を押し殺していた原因となった上司にも小堀さんから声をかけ、お互いの心情を打ち明け合いました。その時に、お互いのわだかまりは解けたと感じています。

そして今では、小堀弘樹と文香ヒロと2人の自分が共存しながら活動できるようになっています。たとえば職場復帰後は、フレーバーとフレグランスの調香技術を学ぶ専門学校に通っています。

小堀さんは、このタイミングでキャリアブレイクを体験することになって、本当に良かったと思っています。新卒入社時の会社の赤字で感じた危機感と、キャリアブレイク前に体調を崩したことは、いわば外圧でした。しかし外圧で強制的に自分とは何かを考えることができました。もしキャリアブレイクのタイミングがあと10年遅かったら、自分の選択肢の幅が狭まったと感じています。

小堀さんが自分のキャリアに当てはまると考える言葉は、スティーブ・ジョブズの「コネクティング・ザ・ドッツ」。人生においては、偶然の経験だった点と点が結びつき、キャリアが展開されていきます。ジョブズがただの興味で受けた大学のカリグラフィーの授業は、後にアップル社でのフォントの開発に役立ちました。つまりこの言葉は、偶然が織りなす多様な点をつなぐためには、人生にとって寄り道が重要であることを示しています。小堀さんの人生にとっては、自身のルーツを探り西成で迷子になるという寄り道が必要なことだったのでしょう。

7　事例7　小澤あゆみさん

①　採用マーケティングで活躍する

小澤あゆみさん（SNSでの通称、いっぽさん）は、2012年に大型商業施設の運営会社に入社しました。この会社は、いっぽさんが熱望して、幸いにも入社できた会社。その後、社内で順調にキャリアを積んでいきました。最初の3年間は、施設で現場経験を積みました。次の2年間は施設開発のプロジェクトを担当。さらに採用マーケティングの部門へと人事異動します。具体的な業務内容は、採用の募集広告をつくり、面接に応募者を集める戦略を考え、それに基づく戦術を実行するというものでした。大型商業施設にとっては優先度の高い業務でもあり、いっぽさんは採用マーケティングの仕事にやりがいを感じていました。

その頃、いっぽさんはSHElikes（シーライクス）というwebデザイン・webマーケティング・ライティングなどを学べる女性向けのキャリアスクールにも通い始めました。採用マーケティングの仕事に活かせる知識が得られたらいいな、と思ったことが理由です。ただ、将来的には地元である静岡県浜松市へのUターンも視野に入れていて、その時に手に職をつけることができていればいいなとも感じていました。そのキャリアスクールで出会ったものが、「ブランディングコース」という講座。たった3回の講座でしたが、実は自分が本当にやりたいことはブランディングではないか、と気づくきっかけになりました。

またシーライクスの主催するSHEアワードにも憧れました。SHEアワードとはシーライクスの受講者の中で、キャリアを大きく変化させ、誰かを勇気づけた挑戦者を称えるための表彰です。ただ、会場でアワードの登壇者を見ていたいっぽさんは、副業が禁止されている会社員の自分がキャリアを大きく変化させることは難しく、自分には縁のないアワードだと感じていました。

② コロナ禍という転機

社内業務で充実した日々を送っていたいっぽさんに、思いもよらない事態が訪れます。コロナ禍です。緊急事態宣言などコロナ禍の深刻度は深まり、大型商業施設は営業の休止に追い込まれました。そうした状況の中、会社は採用を当面停止する判断をしました。

いっぽさんの担当も採用マーケティングの業務から他の人事業務へと変更されました。自分のやりたいことと重なっていた採用マーケティングを担当できなくなり、いっぽさんは苦しい気持ちになりました。なぜ、そんなにやりたいと思えないような仕事をやらなければいけないのか。それが本音でした。しかし、この本音がいっぽさんを苦しめました。

会社には、いっぽさんは熱望して入社しました。その時、総合職採用であることに納得していたはずでした。だからこそ総合職であれば、どんな担当業務でも一定の成果を出さければならない。それができると思われたから採用されたはず。そんな思いをいっぽさんは持っていました。

ところがいっぽさんは新しい担当業務に対し、モチベーションを上げることができず、情熱も持てませんでした。今になって冷静に振り返ってみると、仕事の成果は求められる水準に達していました。しかしいっぽさんは、その業務に情熱を持てない状態は総合職としてあるべき姿ではないと、自分を責め続けていたのです。なぜこれまでと同じような気持ちで今の業務と向き合えないのか。そういう絶望感すらありました。それがつらすぎて、泣きながら上司と面談するような状態になっていました。

しかし捨てる神あれば拾う神あり。またもや大きな転機が訪れます。会社がスキルアップのための休職制度を導入したのです。コロナ禍で仕事の内容が制約され思うようにキャリアを描けない社員がいる状況に対して、その救済措置という趣旨もあったようです。導入を知った瞬間に、「これだ」と飛びつくような気持ちで、いっぽさんはその制度に応募しました。苦しい気持ちだったことが大きな理由です。しかしそれだけではありませんでした。もともといっぽさんはシーライクスなどで学びを深めていたので、社外で学べる機会を求めていたのです。

休職期間は無給になりますが、スキルアップが趣旨なので社外の仕事をすることが認められていました。いっぽさんは、2021年4月から翌年3月までの1年間、休職することになりました。

③ 浜松で泥のように眠る日々

休職期間は浜松で過ごすことを、いっぽさんは決めていました。いずれ、何らかの形で地元に貢献したいと思っていたからです。また浜松の家族のことが気にかかっていたことも事実です。いっぽさんが東京に来ることを家族は応援してくれました。しかし自分だけが夢を追いかけて東京に来たがそれでいいのか、という思いがいっぽさんにはありました。

休職前にいっぽさんは、浜松に戻ったら、こんなことをやりたい、あんなこともやりたいと、様々なことを思い描いていました。ところが浜松に戻ってからの1カ月間、いっぽさんは実家で泥のように眠る日々を過ごしました。とにかく眠くて眠くてしかたがない状態でした。ただし、気持ちが落ち込んでいたわけではありません。いっぽさんの当時の気持ちは、自然体ではあるけれども眠くてしかたがない、という表現が相応しかったそうです。いっぽさんは、ただ心のままに眠り、漫画を読み、YouTubeを見てすごしました。

休職前のいっぽさんは、疲労がたまっていたそうです。総合職としてのあるべき姿になれない自分を責め、精神的に圧迫された状態でした。そんな状態でも、周囲に応援される休職にしたいと、担当業務に励みました。同時に休職期間の仕事を獲得するために、ブランディングの実績を積む努力もしました。NewsPicksのNewSchoolという実践型スクールで、ブランド・ストラテジープロジェクト1期生として3カ月学んだのです。そしてNewSchoolのコンペティションに挑戦し、最優秀賞を受賞することもできました。こうした状態をなんとかやりきったということで、緊張の糸が切れたのかもしれません。

くわえて、実家の家族がいっぽさんをあたたかく迎えいれてくれたことも、眠る日々を過ごせた理由の1つでした。母親は眠る日々を過ごすいっぽさんを見ても、「なにぐうたらしてんの」などという文句1つも言いませんでした。むしろ「一緒に暮らせることが嬉しい」と言ってくれました。それまでも母親は「なりたい自分になっていいんだよ」と声をかけてくれるなど、いつもいっぽさんの挑戦を応援してくれる存在でした。また祖父母も「毎日顔を見ることができて嬉しい」と話し、いっぽさんが実家にいることをとにかく喜んでくれました。家族が休職をありのままに受け入れてくれたことで、いっぽさんは心と体を休める時期があってもいいのだと安心することができたのです。

④ 浜松での活動の広がり

じっくりと休養する時期を過ごしたいっぽさん。そして1カ月が過ぎた頃、そろそろ街に出ようと考えるようになりました。実家にＷｉ－Ｆｉがなかったことも、その理由の１つでした。何気なくＸ（当時はツイッター）を見ていたところ、浜松のコワーキングスペースについて投稿していた人がいました。それは、浜松いわた信用金庫が運営するコワーキングスペース。さっそく見学したところ、フリーな立場で活動していくことに適した施設でした。昔から知っている地元の信用金庫が、今ではこんな取り組みをしている。そのこと自体が、いっぽさんには新鮮に感じられました。

そのコワーキングスペースに足しげく通い始めたことが、地元での活動が広がるきっかけになりました。なにより人脈が広がりました。そこには面白い人々が集まっていて、いっぽさんにはおおいに刺激になりました。地元に抱いていた否定的なイメージも覆りました。

さらに、もともとＳＮＳでつながりのあったマーケター（マーケティング業務を行う人）の知り合いと再会しました。そのマーケターから、せっかくだから浜松で一緒にイベントをやろうと提案を受けました。渡りに船とイベントを実施したところ、イベントの参加者が地元の企業を紹介してくれました。クラウドファンディングをやりたいと考えていた地元の企業があり、それに対応したブランディングを検討していたのです。いっぽさんは、そのプロジェクトに関わることになりました。これをきっかけに、地元企業のブランディングサポートの仕事が広がっていきました。

同時にいっぽさんは、個人対象のパーソナルブランディングをビジネスとして成立させることはできないかと模索していました。休職前から、社外のコミュニティの知り合いにブランディングをやりたいという思いを伝えていたところ、「それなら私のブランディングをやってほしい」と声をかけてくれる人が何人かいたのです。また同時に、「自分のために一歩踏み出す実験」として、自己分析や自分との作戦会議を行う内省を行うワークショップも始めました。テストマーケティング的にオンラインを活用してみると、このワークショップに関心を持つ人々のＬＩＮＥの登録者数が５００人を超えていました。予想外の手ごたえに、いっぽさんは驚きました。これらの試みは、今では「１ｐｐｏ－Ｌａｂ」という取り組みへと発展しています。

こうしてキャリアブレイクとしての活動が多様に広がる中、いっぽさんには２つの思いが芽生えました。第1に、やればやるほど自分がいきいきする仕事と、そうではない仕事の違いがよくわかったことです。自分が夢中になれることは、やはりブランディングだったのです。第2に、地元の浜松の市街地の賑わいが感じられなくなったことです。いっぽさんは浜松にキャンパスがある大学に通っていました。当時に比べると、街中の賑わいに陰りを感じました。具体的には、コロナ禍の影響で飲食店の数が減ってしまったように感じています。だからこそ、自分がもっとブランディングを極めていくことで、将来的に地元の活性化に携わりたいという思いが明確になったのです。

⑤　SHE BEFORE AFTER AWARD 2022に挑戦

そろそろ休職期間も明けようかという２０２２年1月25日。いっぽさんは、シーライクスが主催するSHE BEFORE AFTER AWARD 2022の開催が決定された、との知らせを受け取りました。以前は、自分とは縁がないものだと思い込んでいたイベント。このイベントの趣旨は、キャリアを大きく変化させ誰かを勇気づけた挑戦者を選出するというもの。キャリアブレイクの経験で、いっぽさんは自信を得ていました。いよいよ、このイベントにエントリーする時期が来たのではないかと、いっぽさんは考えました。幸運の女神には前髪しかない、という諺は自分の信条でもありました。この信条にしたがい、さっそくエントリーしてみたのです。

そして休職が明けるタイミングの3月16日。いっぽさんに、ファイナリストの5名に選ばれたという連絡が届きました。4月4日からは表参道駅に5名の挑戦者の応援広告が出るほどの大々的なイベント。そして4月16日、ついにいっぽさんは、SHE BEFORE AFTER AWARD 2022のファイナルステージに登壇しました。

夢の舞台に立ったいっぽさん。キャリアブレイクを決断したこと、ブランディング、家族、会社、地元、自分を支えてくれた周囲の人々への思いをありのままに語りました。そして、ファイナリスト5名の中から、見事にSHE BEFORE AFTER AWARD 2022に選出されたのです。いっぽさんが、キャリアを大きく変化させ誰かを勇気づけた挑戦者として認められた瞬間でした。

⑥　キャリアブレイクを終えて

1年間の休職期間を終えて会社に復帰したいっぽさん。会社には復帰せず、外での活躍を続けていくのではないか、と思う社内外の人も多かったそうです。しかしいっぽさんは、むしろ会社をブランディングでより良いものにしていきたい、という新たな目標を見出したのです。復帰のタイミングでは、採用は再開されていました。そのためいっぽさんは、やりたいことである採用マーケティングの仕事を再び担当することができました。

それだけでなく、休職中の活動内容と、会社をブランディングでよくしていきたいという思いを綴った資料を部門長に送りました。その資料を読んだ部門長は、いっぽさんの思いに共感してくれました。そのため、会社の上層部にその資料を紹介してくれたのです。その結果、いっぽさんが社内でブランディングを進めていくことが公式に認められるようになりました。具体的には、インナーブランディング（社内のブランディング）として、社内の取り組みを発信するメディアづくりに着手できています。

休職後、順調に社内での取り組みを進めているいっぽさん。とはいえ、今でも総合職であることに変わりはありません。今後も、意にそぐわない部署に人事異動する可能性があることは理解しています。しかし仮にそのようなことが起こったとしても、今ではその状況で意味を見出す力を身につけられたといっぽさんは考えています。そのためそうした状況になったとしても、それを乗り越えることできると、いっぽさんは自分を信頼できるようになっているのです。

キャリアブレイクについて、いっぽさんは人生が好転するきっかけであり、かけがえのない経験だったと振り返ります。なぜなら、キャリアブレイクとは立ち止まることができる機会であるからです。週5日働く日常では、次から次へとやらなければならないことが生じてきます。その状況で、立ち止まって自分と向き合うことは難しいことでした。キャリアブレイクで自分と向き合うことができ、いっぽさんの認識は、人生の主導権は自分にあるというものに変わったそうです。人生の主導権は自分にあると思えば、目の前の仕事にやる気のない状況になったとしても、それらを意味づけして仕分けすることができます。目の前の仕事を、これはチャンスにつながる仕事、これはチャンスにつながることないがやるべきこと、などと仕分けして捉えることができるようになったのです。それができることで、仕事は他者から与えられるものではなく、自ら創るもの、と捉えることもできるようになっています。キャリアブレイクによって、いっぽさんの世界の捉え方、仕事への向き合い方は大きく変わることになったのです。

8　事例8　小杉美琴さん

①　多忙な部署への人事異動

小杉美琴さん（仮名）は、２０１５年に大手人材情報サービス企業に入社しました。入社後はアルバイトの求人広告の部署に配属され、4年働きました。その後1年間半ほどバックオフィスの部署で広告制作職のサポートをしました。次に人事異動した職場は生活情報メディアに関する部署。そこで小杉さんは広告記事の制作を担当することになりました。

広告記事の制作は、小杉さんにとっては希望どおりの仕事でした。小杉さんは小学生の頃から、文章を書くことが好きだったのです。大学生の時にはダブルスクールで、宣伝会議のコピーライター養成講座に通ったほどでした。そのため入社してからも、本格的に記事を書く仕事をしてみたいとずっと考えていたのです。

希望が叶って喜んでいた小杉さんですが、仕事を進めていくうちに、自分はその部署の華やかな面だけに注目していたことに気づきました。思いのほか制作職の業務範囲は広かったのです。短納期でありながら、並行して15～16件の顧客を担当しなければなりません。その業界もエンタメ系、金融、ヘルスケアなど多様です。多様な業界の知識を自力で勉強する必要があります。しかし、すぐに知識が習得できるものでもありません。そんな時に顧客から、「全然うちのことわかってないですね」などと厳しい言葉を投げかけられることもありました。毎月の残業時間も増え、小杉さんは精神的に疲弊していきました。

残業時間が長くなればなるほど、週末も仕事のことしか考えられなくなっていきました。そうなると、思考自体もすべて悪い方向に考えてしまいます。負のループから抜け出せなくなった小杉さん。眠ることができなくなり、食欲もなくなっていきました。そんなある日のこと。街を歩いている時に「今、交通事故に遭ったら、会社を休めるな」などと思っている自分に気づき、愕然としました。

さすがにこの状態はまずい、と小杉さんは考えました。このまま自分の状態が悪化していけば、ある日突然、会社に明日行けないということになりかねない。そこで小杉さんは早めに手を打ち、上司に相談することにしたのです。小杉さんの直属の上司は相談に真剣に対応し、親身にサポートしてくれました。上司のサポートもあって、小杉さんの休職は認められることになりました。

② 書くことで自身を振り返る

休職が始まり小杉さんは、とにかく自分の好きなことをして休養しようと思いました。そこで今までやろうと思いながら、できていなかったことに挑戦してみました。小杉さんは、とにかく本を読むことが好き。そこで忙しくてできていなかった読書を、思う存分楽しみました。また気分転換に石垣島にひとり旅もしました。さらにこの時に、暗闇ボクシングを始めました。暗闇ボクシングは今でも続けています。

好きなことに専念する時期は1カ月半ほど続きました。1カ月半思い切り休んだところ、自身が回復してきたことを小杉さんは感じるようになっていきました。そこで、今後に向けた活動を始めることにしたのです。

その際に行ったことの1つが、ノートに書くことによる振り返り。以前から小杉さんは、書くことで自分の思考を整理する方法が身についていました。「何が嫌だったのだろう、なんでこんなに自分は残業しちゃったのだろう」など、小杉さんは自分の思いを様々に書き出していきました。そのようにどんどん紐解いていった結果、誰かから残業しろと強制されたわけでもない、とにかく仕事をやらなければならない、と自分で自分を追い込んだ実態にたどり着いたのです。この思考が諸悪の根源だったのではないか。ここを変えよう。小杉さんは、そう決心しました。

実は休職するに至った過程の中で夫から、「なんでそんなに自分を追い込んでるの」と何回か言われたことがありました。その時は、そんなこと言われなくてもわかっているよと、内心反発していた小杉さん。しかし自分で分析した結果、夫の発言と同じ課題にたどり着き、あらためてこの課題を解決しようと素直に思うことができたのです。

1カ月半が過ぎてから、小杉さんは転職活動を行い、ベンチャー企業から内定を得ることができました。本当に転職するかどうか。この判断についても小杉さんはノートに書き出して考えてみました。その結果、業務時間の問題さえ解決できれば今までの会社でもやっていけるのではないか、という結論に達することができました。読書が好きなこともあり、進撃の巨人のリヴァイの「後悔しない方を選べ」という名セリフが小杉さんの決断を後押ししました。そこで半年間の休職期間を経て、小杉さんは今までと同じ部署へと復職することになったのです。

③　キャリアブレイクを終えて

半年間の休職期間を終えて会社に復帰した小杉さん。復帰した当初は葛藤もありました。復帰当初、小杉さんの担当顧客は、すべて他の同僚に引継ぎが終わっていました。そのため、最初は担当業務がほとんど存在しない状態でした。こんなことなら休職しなければよかったのではないか。自分が必要とされていないのなら、復職しなければよかったのではないか。そんな葛藤があったのです。

しかし、休職を経験したことで小杉さんの仕事に対する考え方は変わっていました。休職前は何かトラブルが起きた時に、すべては自分のせいだと考える傾向がありました。しかし休職を経て、本当に反省すべき時以外は、これは自分のせいではないと考えることができるようになりました。休職前は一言で言えば、完璧主義でもありました。成果物のレベルは必ず１００％に達しなければいけない。そんな思考も変わりました。60〜70％のレベルであっても、その業務内容をいったん手放すことができるようになりました。

キャリアブレイクについて、自分をリセットして今後のことを考えるうえでは必要な期間だったと、小杉さんは振り返ります。社会人になってからは、休むという選択肢が自分の中に存在しませんでした。ずっと走り続けてきた感覚がありました。

しかし1回休んでみると、今ではこれは誰にとっても必要なことだと小杉さんには思えています。働き続けて、つらそうに見えるのに休めない人がいます。誰しも1回は休んでみればいいのではないか。そうすれば、人生が変わる。小杉さんは、そんな風に多くの人に声をかけてみたいと考えているのです。

9　キャリアブレイクの共通プロセス

8つの事例、読者はどのようにお読みいただいたでしょうか。それぞれの事例における個人のキャリアの歩み方は、まったく異なったものです。にもかかわらず、キャリアブレイクには共通したプロセスがあると感じられた読者もいらっしゃるのではないでしょうか。そこで、以降は8つの事例において観察できた共通するプロセスについて提示していきます。

① 共通プロセスの総括図

まず、共通プロセスの図については、図5－1のとおりとなります。

ここでは共通したプロセスの項目に15個の番号をつけています。この番号は特徴ある共通したプロセスに見出しをつけた結果を表しています。以降、見出しであるという意味で、この番号をコード番号と呼びます。

コード番号は大きく3つの段階「自分を見つめなおしたいという欲求」、「キャリアブレイクにおける自分の見つめなおし」、「キャリアブレイクの帰結」に分かれて配置されています。段階ごとに、どのようなコード番号があったのかについて説明していきます。

② 「自分を見つめなおしたいという欲求」の段階

この段階は、主にキャリアブレイクに至る前に生じるプロセスを示しています。コード番号は1から4までが該当します。

コード番号1は「社会や他者の評価への囚われ」。たとえば社会からの評価に囚われていると、特定の大企業や正社員であるという基準を重視して就職活動を進めることになります。他者への評価に囚われていると、直接言われなくても、親がこのように期待しているのではないか、と親の望む進路に影響を受けることになります。もちろん他者というのは、親とは限りません。教師、友人、上司、同僚など幅広い対象が当てはまりま

図 5-1　キャリアブレイクの共通プロセス

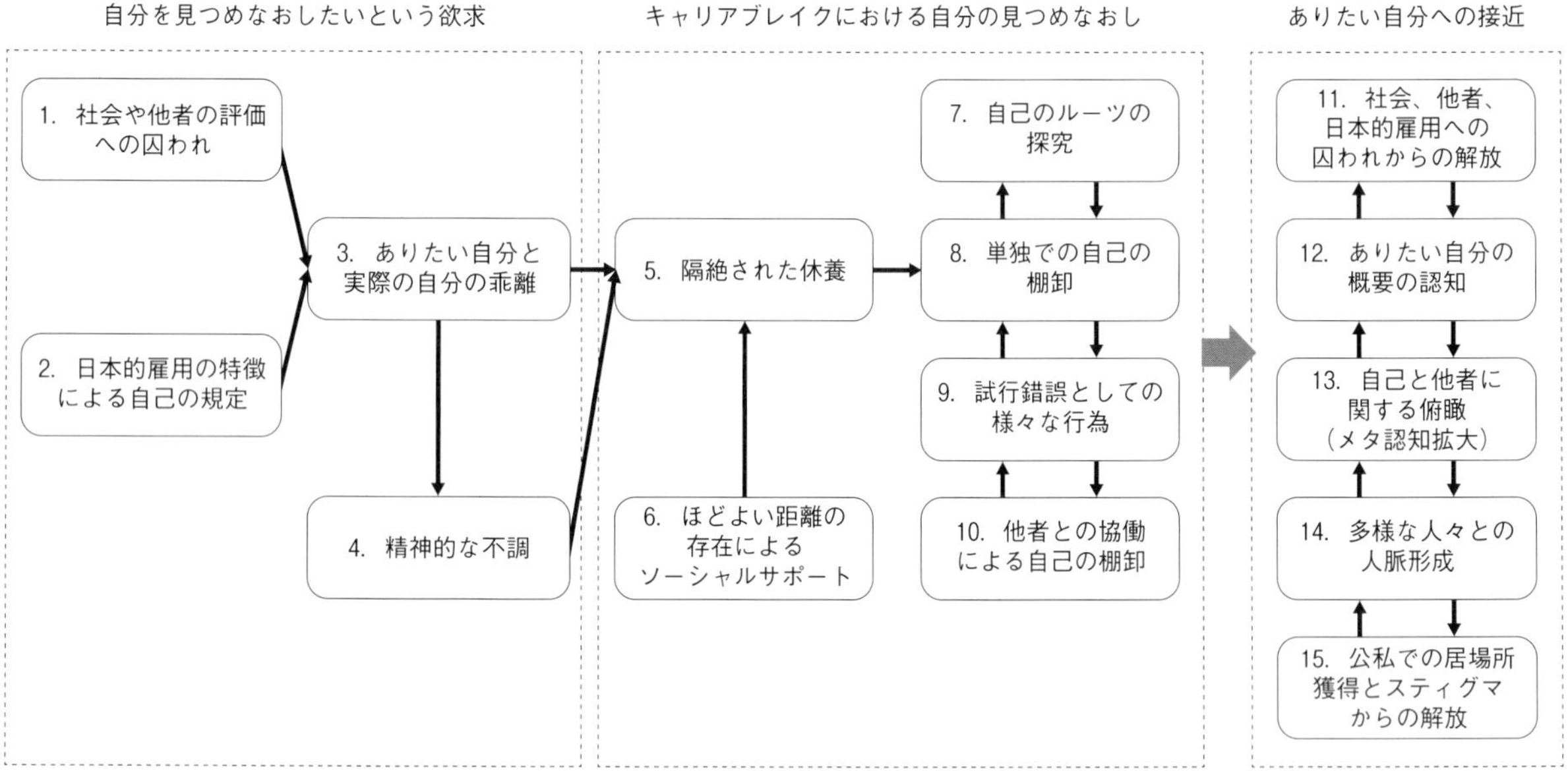

出所）筆者作成

す。

事例における具体例としては、暗黙の親の期待への配慮、社会や他者から評価されている憧れの大企業への入社、自分が肩書で呼ばれることを当然視する気持ち、などが当てはまります。

コード番号2は「日本的雇用の特徴による自己の規定」。第2章でも述べたとおり、日本的雇用、とりわけ正社員の特徴は無限定性にあります。時間、勤務地、職種が無限定であるわけです。そのため、無意識のうちにこの無限定性に当てはまる自分でなくてはならないと思い込んでしまうわけです。

事例における具体例としては、正社員として働き始めたのなら休むことはいけないことだ、総合職であればどんな職種に異動したとしてもモチベーションを持って一定の成果を出さなければならない、転勤命令をされたらその勤務地で働くことが当たり前のこと、などと考えることが当てはまります。

コード番号3は「ありたい自分と実際の自分の乖離」。この段階でキャリアブレイク実践者たちが、明確なありたい自分の姿を認識していたわけではありません。しかし、明確ではないものの、ありたい自分の姿を直感的につかんでいます。ところがコード番号1と2の帰結として社会的評価や日本的雇用の特徴に合わせた仕事をしているため、ありたい自分と実際の自分が乖離してしまうのです。

事例における具体例としては、意にそぐわない営業職を担当していた、会社で求められる目標や張り詰めて緊張感のある組織文化と自分が合わなくなっていた、上司や同僚が期待する自分を演じてしまった、現場や接客が好きなのにそれができない仕事の担当になってしまった、自分ではこなしきれないほどの業務量を流されるままに受け入れてしまった、などの状況が当てはまります。

なお、ここでいったん「ありたい自分」について説明しておきたいと思います。ありたい自分とは、コード番号1と2のようなことに囚われている自分ではなくて、こんなことをしていると楽しいと自分が感じられる状態です。ただ、ありたい自分は確かに存在していると思えるのですが、それが具体的にどのような状態なのか、明確に把握できるわけではありません。そのため、キャリアブレイク実践者たちはありたい自分の姿を探究していくことになるのです。そういう意味では、ありたい自分の姿とは、100人いたら100通りであるわけです。さらに職業のこと、天職のようなことだけを示す概念でもありません。ライフキャリアにおける自分の望ましい状態と表現もできます。ありたい自分については、第6章の対談の中でも、再度詳しく検討します。

コード番号4は「精神的な不調」。これはキャリアブレイク実践者たちが全員該当するわけではありません。精神的な不調にまでは至らずとも、キャリアブレイクを始める人たちも、もちろん存在しています。ただ、コード番号3の状態はかなり心身に負担をかけます。そのため、コード番号3の帰結として精神的な不調に至ってしまうことも多いのです。事例における具体例としては、精神的な不調が発生し、夜眠れない、食事を取ることができないなどの症状によって休職や離職に至ることが当てはまります。

③「キャリアブレイクにおける自分の見つめなおし」の段階

この段階は、ほぼキャリアブレイクを経験している期間と一致しています。コード番号は5から10までが該当します。この段階に配置された6つのコードは、いずれもキャリアブレイク実践者が自分を見つめなおすことに関係した内容です。

コード番号5は「隔絶された休養」。コード番号3もしくは4の帰結として、心身ともに休養する時期を意味します。コード番号4の「精神的な不調」に至っていないとしても、コード番号3の状態だけでも実践者たちは疲弊しているため、休養が必要になるようです。隔絶したと表現したのは、この時期はとにかくひとりで過ごすことが多いためです。おそらく、まだ友人や知人に会うエネルギーに欠けているためだと思われます。またこの期間が1～2カ月だった、と振り返る人が多いことも特徴です。1～2週間程度の短期の休養では、心身の疲弊を癒すことに至らないのかもしれません。

事例における具体例としては、とにかく眠くて昼間も眠り続けた、ひとりでひたすら本や漫画を読み続けた、YouTubeを見続けた、家の近くの散歩をした、ひとり旅をした、などが当てはまります。

コード番号6は「ほどよい距離の存在によるソーシャルサポート」。コード番号5の「隔絶された休養」の状態になっているキャリアブレイク実践者を、近親者や身近な人などが、ほどよい距離で見守ります。こうすべきだ、と近親者や身近な人が直接的な意見をぶつけてくることなく、ただそっと見守る。そのほどよい見守りが心の支えになった、と振り返るキャリアブレイク実践者は多いのです。

事例における具体例としては、実家に戻ったらとにかく祖父母や親が喜んでくれた、配偶者がそっと見守ってくれた、親が「心配するのはやめた」と言って自分の意思を尊重してくれた、実家に戻ったら親がそっと見守りながら生活リズムを整えてくれた、などが当てはまります。

コード番号5の帰結として、コード番号7から10に至ります。1～2カ月の間に「隔絶された休養」を続けると、自然と次に何かをしてみたいという気持ちになってくるようです。誰とも会わない生活に飽きてきた、と振り返るキャリアブレイク実践者は多いようです。ただし、コード番号7から10は順番に起こるというわけではありません。いずれも自分を見つめなおすきっかけであり、相互に影響しあう関係になっています。

コード番号7は「自己のルーツの探究」。ありたい自分とは何か、と自己の棚卸をする以前に、まずは自分のルーツはどこにあるかということをただ知りたくなるようです。事例における具体例としては、祖父や大伯父のルーツを知るための行動をした、写真を通して自分の今までの足跡を振り返った、などが当てはまります。

コード番号8は「単独での自己の棚卸」。ありたい自分とは何か、ということに向けて、自分はどんなことがやりたいのか、どんなことが好きなのかをひとりで分析していくことを意味します。またなぜ自分がコード番号4の「精神的な不調」に至ってしまったのか、ということを振り返る場合もあります。事例における具体例としては、ノートに書いて振り返る、日記をつける、大学で本を読むことで思いを巡らす、写真展の作品づくりをする中で振り返る、などが当てはまります。

コード番号9は「試行錯誤としての様々な行為」。キャリアブレイク実践者たちは、自分を見つめなおす一環として、様々な行動に挑戦してみます。それは自分がどんなことがやりたいのか、どんなことが好きなのか、ということを知るための試行錯誤でもあります。それが自分に合う感覚がある場合もありますが、そうでない場合もあります。キャリアブレイク実践者たちは、この試行錯誤が自分にとって必要なプロセスだと思う場合もありますが、こんなことをしていて意味があるのか、と不安になる場合もあります。また試行錯誤を始めるきっかけとして、XなどのSNSの投稿でその情報を知ることが多いことも特徴的です。

事例における具体例としては、転職活動をしてみる、アルバイトをしてみる、資格やスキルを習得する学習を行う、自分のビジネススキルを活かして行うボランティアであるプロボノをする、地元のコワーキングスペースで知り合った人とイベントを企画してみる、尼崎などの地域活性化の取り組みに参画する、住む場所を変えてみる、旅行をしてみる、会えなかった友人・知人と会ってみる、キャリアブレイク研究所の「おかゆホテル」に宿泊してみた、などが当てはまります。

コード番号10は「他者との協働による自己の棚卸」。コード番号9において、キャリアブレイク実践者たちは、様々な試行錯誤を経験しています。その過程で協働している他者から、「あなたはこんな強みがある」、

「あなたにはこれが向いているのではないか」などといった自分自身へのフィードバックの言葉を投げかけられることがあります。こうした言葉によって、コード番号8の「単独での自己の棚卸」では気づけなかった、他者ならではの視点による自己への理解が深まるのです。

あるいはキャリアブレイク実践者たちがキャリアブレイク研究所を訪れたことにより、仲間と交流し、「今の自分はキャリアブレイクの状態にあるのだ」と気がつき、自分の状態を肯定できるようになったこともこのコードに該当するでしょう。

事例における具体例としては、周りの人の表情の変化を繊細に受け止めてくれるというフィードバックをもらった、塾の先生や大学の教員から福祉関係の仕事が向いているのではないかと指摘された、文章と香りに関わる自分を打ち出すペンネームにすべきだと助言を受けた、転職活動の面接で面接者から「本当にこの仕事をやりたいんですか」と問われた、などが当てはまります。

④「ありたい自分への接近」の段階

この段階は、キャリアブレイク実践者が自分を見つめなおした帰結として生じます。具体的には、コード番号7から10が相互に影響しあい生じたことの帰結でもあります。またこの段階のコード番号11から15は、主にキャリアブレイクが終わった時点に生じますが、キャリアブレイクを経験している最中においても徐々に生じていることがあります。

この段階をあえて「接近」と表現していることには理由があります。これは考え方次第でしょうが、筆者(石山)は人生において「ありたい自分」に到達する瞬間は永遠に訪れないのではないかと感じています。人生とは「ありたい自分」を目指す旅のようなものであり、それを目指して修行し続けるプロセスなのではないかと考えます。そのため「到達」ではなく「接近」と表現しています。しかしながら、キャリアブレイク実践者たちは、キャリアブレイクを経験したことにより、以前よりも自然体で「自分らしさ」を楽しめているようです。こうしたありたい自分に近づいた状態を「接近」と表現したのです。

コード番号11から15も、コード番号7から10と同様に順番どおりに生じるわけではありません。つまりコード番号11から15も相互に影響しあい生じているのです。

コード番号11は「社会、他者、日本的雇用への囚われからの解放」。コード番号の1と2にあったように、キャリアブレイクを経験する以前、実践者たちは社会や他者からの評価や、日本的雇用の特徴に囚われていました。しかしキャリアブレイクを経験したことで、社会や他者からの評価や、日本的雇用の特徴にはそれほどこだわらなくていいのだと感じ、実際にあまりそれらのことを気にしないようになっていきます。

事例における具体例としては、社会的な地位や肩書きのような他人への見え方を気にしなくなった、肩書がない「ただの自分」でいることに慣れた、肩書など社会や他者を気にしすぎる囚われから解放されたと感じた、何がマジョリティで何がマイノリティなのかについて自分で勝手に線引きすることがなくなった、総合職として意にそぐわない部署に人事異動したとしてもその状況で意味を見出すことができるようになった、社会人になった以上は走り続けなければならないと思い込んでいたが、人生において仕事は1つの要素にすぎず「休んでいいんだ」と思えるようになった、などが当てはまります。

コード番号12は「ありたい自分に関する概要の認知」。先述したように、「ありたい自分」に到達する瞬間が訪れることはないかもしれません。同時に、「ありたい自分」の姿を明確に把握することも難しく、それも人生において追求し続けることになるのではないでしょうか。ただし、実践者たちはキャリアブレイクを経験したことで、その以前よりも「ありたい自分」とはどのようなものなのか、その理解が深まっています。こうした状態を「概要の認知」と表現しました。

事例における具体例としては、自身が本当に何をしたいのか見つめなおすことができた、「こういう暮らし方が好き」、「こういう働き方がしてみたい」と自分の方向性が見えてきた、ありたい自分である時間が増えた、自分にとって本当に興味がわくもの、わくわくする面白いものが何かということについてヒントを得ることができた、などが当てはまります。

コード番号13は「自己と他者に関する俯瞰（メタ認知の拡大）」。メタ認知とは、いわばもうひとりの自分が存在していて、自分を客観的に見つめているような状態を意味します。つまりは、自分がどのように認知（思考）しているかなどを、自分自身として客観的に把握したり、吟味したりしている状態です。それが、自己に関する俯瞰という表現で示されているわけです。コード番号の1と2にあるように社会や他者からの評価、日本的雇用の特徴に囚われてしまうと、それが無意識の前提や正解になってしまい自己を客観視することが難しくなります。キャリアブレイク実践者たちは、しばしば「思い込んでいた」という表現を使いますが、「思い込んで」いると自己を客観視することが難しくなります。実践者たちは、「思い込み」から解き放たれたことでメタ認知できるようになったのでしょう。またコード番号8の「単独での自己の棚卸」にあったように、ノートに書いて振り返る、日記をつけるなど、自分の思いを書きだして外在化させることで自分を客観視できるようになっていくものと考えられます。

事例における具体例としては、自分の心の中の2人の自分が共存しながら活動できるようになった、人生の主導権は自分にあると考えた、仕事を仕分けして意味づけすることができるようになった、何かトラブルが起きた時にすべては自分のせいだと考える傾向があったが、客観視することで自分のせいではないと考えることができるようになった、成果物のレベルは必ず１００％に達しなければいけないという完璧主義的な思考があったが、60〜70％のレベルであってもその業務をいったん手放すことができるようになった、などが当てはまります。

コード番号14は「多様な人々との人脈形成」。実践者たちは、キャリアブレイクを経験する中で多様な人々と出会い、それによって勇気づけられ、多様な価値観を身につけ、今後もその人々と協働していこうと考えています。

事例における具体例としては、「いろんな人に、ほんまに助けてもらったんですよ」、「自分を受け入れてくれたり、めっちゃ助けてもらったり、なんかこんなに支えられて生きている」と仲間の存在に感謝する、淡路島で様々な生き方をする人々と交流した、自身と同じ心情の人たちと出会い、普段、話せないことを話し合うことができた、お客様のいろいろな人生に等身大で向き合えるようになった、などが当てはまります。

コード番号15は「公私での居場所獲得とスティグマからの解放」。キャリアブレイク実践者たちは、ありたい自分に接近することで、それを踏まえた自分らしい生きた方ができる居場所を見つけ出しています。第2章で説明したように、キャリアブレイクはスティグマとして実践者たちに作用する場合があります。しかし、自分らしい生きた方ができる居場所を見つけ出したことで、実践者たちはキャリアブレイクをスティグマと考えることもなくなっていきます。むしろ、自分にとって望ましい経験だったとも振り返ることができるようになっているのです。

事例における具体例としては、個人事業主の仕事を順調に進めることができている、「みんなと過ごすことが楽しいな」と感じられる場で日常を過ごすことができている、お金だけに頼らない生き方ができる淡路島で暮らすことができている、福祉業界の仕事を自分が見たことのない新鮮な景色を見ることができている、お客様に寄り添い共感できる場で仕事ができている、もうひとりの自分が存在して、会社とは異なる文章と香りの活動をする場もある、などが当てはまります。

⑤ ストーリーライン

ここまで述べてきたキャリアブレイク実践者たちの共通プロセスは、ストーリーライン（プロセスのストーリーとしての説明）として以下のとおりとなります。

まず実践者たちには「自分を見つめなおしたいという欲求」が生じます。それは実践者たちが「社会や他者の評価への囚われ」や「日本的雇用の特徴による自己の規定」という状況に陥り、それが「ありたい自分と実際の自分の乖離」をもたらしてしまうからです。そのため、中には「精神的な不調」に陥る実践者もいます。

こうした困難な状態によって、実践者たちはキャリアブレイクをはじめます。そこで共通的に生じるプロセスが「キャリアブレイクにおける自分の見つめなおし」です。キャリアブレイクの当初、実践者たちは1〜2カ月程度の「隔絶された休養」で心身を癒します。その段階を経て心身の健康を取り戻していくと、自分の見つめなおしを実践します。その見つめなおしにおいては、「自己のルーツの探究」、「単独での自己の棚卸」、「試行錯誤としての様々な行為」、「他者との協働による自己の棚卸」などの取り組みが相互に影響しあいながら生じます。

こうしたキャリアブレイクにおける自分の見つめなおしを経て、実践者たちは「ありたい自分への接近」を実感するようになっていきます。具体的には「社会、他者、日本的雇用への囚われからの解放」、「ありたい自分に関する概要の認知」、「自己と他者に関する俯瞰（メタ認知の拡大）」、「多様な人々との人脈形成」、「公私での居場所獲得とスティグマからの解放」という自分自身の変化を経験します。こうした自分自身の変化も、それぞれが相互に影響しあいながら生じるのです。

［1］ＮＰＯ法人ＥＴＩＣ主催プログラム【地域イノベーター留学】淡路未来市場プロジェクト〜国生みの淡路島から未来のＥＣサイトを生み出す！〜（https://www.project-index.jp/intern/22790）（２０２４年５月７日アクセス）。

［2］「ココデトモル」ホームページ（https://kokodetomoru.com/concept）（２０２４年５月７日アクセス）。

第6章 共通プロセスの解釈とキャリアブレイクの方向性

石山恒貴 ◆ ISHIYAMA Nobutaka
片岡亜紀子 ◆ KATAOKA Akiko
北野貴大 ◆ KITANO Takahiro

本章は著者3名の対談形式で記させていただきます。前章では、8名のキャリアブレイクの共通プロセスを示すことができました。そこで、まずこの共通プロセスを著者3名がどのように解釈したのかということについて話し合っていきます。それに先立ち、2016年論文のキャリアブレイクのプロセスを説明し、8名のプロセスと比較した場合の共通点と差異について考えていきます。キャリアブレイクの共通プロセスの解釈を終えた後に、キャリアブレイクの今後の方向性についても話し合います。

1　2016年論文におけるキャリアブレイク

石山――前章では、8名の実践者にインタビューした結果として、そのキャリアブレイクの共通プロセスが明らかになりました。この点についてどのように解釈できるか、それを3人で話し合いたいと思います。それに先立ち、まず片岡さんに2016年論文のキャリアブレイクについて解説してもらいたいと思います。**図6-1**は、どのような意味を示しているのでしょうか。

片岡――はい。まず前提として対象者の層が本書の8名とは異なります。2016年論文の対象者は、30代から60代初めまでの女性のパソコンのインストラクター19名です。特に30代から40代前半ぐらいの方が多いです。研究の関心としては、自己効力感が低下した人がキャリアブレイクを経験して、自己効力感が上昇したのではないかということにありました。時期としては大きく、キャリアブレイク前、キャリアブレイク中、キャリアブレイク後の3つに分かれています。

キャリアブレイク前の段階ですでに挫折感とか停滞感みたいなものがあったり、あるいはライフイベントによって仕方なく会社を辞めるみたいなものがあったりしています。辞めたことで、多くの場合は自信をなくしています。そして苦労しながら、内省して変化を受け入れることになります。自分は生活が変わってしまったんだということを受け入れるのです。

一方では自然とそれを受け入れた人たちもいました。辞めることになっても何の未練もない、むしろ清々としているような人たちです。その場合でも、自分は何ができるんだろうというようなことをずっと考えて、今

図 6-1　2016 年論文のキャリアブレイクのプロセス

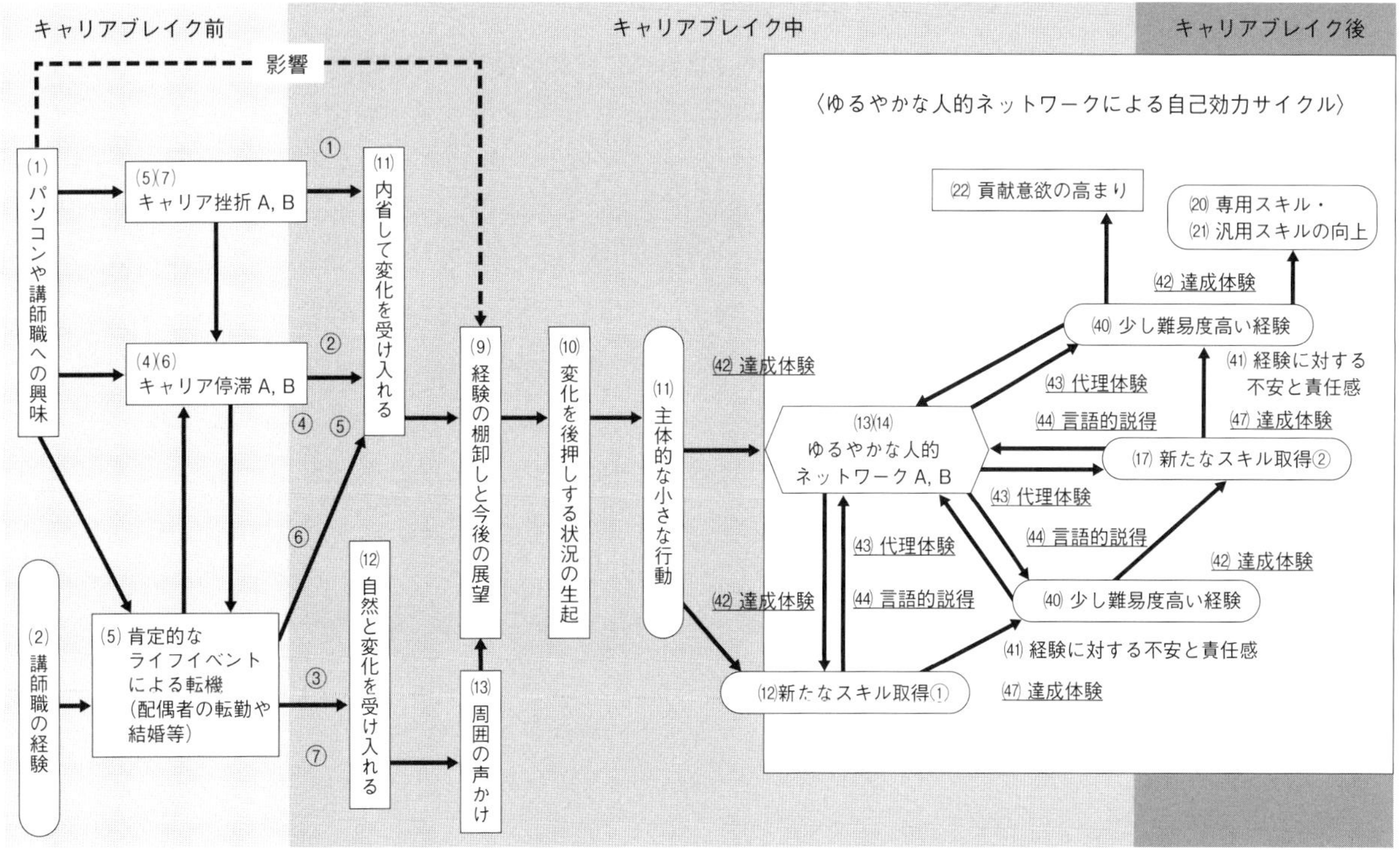

出所）片岡亜紀子・石山恒貴（2016）「キャリアブレイクを経験した女性の変容：パソコンインストラクターを対象とした実証研究」『産業カウンセリング研究』*18*(1), pp.9–24, p.20, 図 1

後を展望していくことになります。

そして両方のパターンの人が、何かしなきゃと思い、どうしようどうしようと迷うことになります。それに対して「主体的な小さな行動」と名づけたのですが、小さなことでいいからとりあえずやってみようと行動するのです。

小さなことでいいから自分の興味の赴《おもむ》くままに動いていくうちに、そこからゆるやかな人間関係（人的ネットワーク）が形成されていきます。ボランティア活動や学習活動ができるサードプレイスのような場ですね。上下関係もない。行きたければ行けばいいし、行きたくなければやめればいい。そんな関係の集団の中で新たな経験をして、少しずつ少しずつですね。様々な経験をしていく中で、だんだんと自信がついていくのです。そうした場で、新たな経験をしたり、自分と似たような境遇で頑張っている人を見て自分も頑張ろうと思ったり、「あなたならできるわよ」といった言語的な励ましを受けたりします。そのようにして徐々に自分のスキルが上がっていくことを実感することがこの図6−1の「ゆるやかな人的ネットワークによる自己効力サイクル」なのです。

さらに特徴的なことは、「何か社会に役立ちたい」とか「貢献したい」みたいなことを言う人が多かったことです。自分の力をどこかに生かしたい、役立てたいと思っていた人が多かったようです。

北野――この方たちは、キャリアブレイク前から、パソコンや講師職に興味を持っていたのでしょうか。

片岡――そうですね。実は、キャリアブレイクをする前から、今の仕事だと物足りないと感じていた方が多かった印象です。本当はパソコンが好きだったとか、子どもの頃から教職を取って教員になりたかったみたいなことを言う人が多かったんですよ。なので、「パソコンや講師職への興味」から矢印（↓）が出ている「キャリア停滞」というのは、仕事上の処遇でガラスの天井のような限界や、年齢的な限界を感じている状況で、そこからつくられた概念なんです。何がしか、キャリア上の不満があったということです。ちなみに、年齢的な限界でいうと、30歳を意識している発言が多かったです。「30歳を前に何かをしたい」とか「20代のうちなら何かができる」といった言葉をよく聞きました。また、「キャリア挫折」というのは、身近な人が亡くなるとか、大きな事故に遭うとか、かなり衝撃的な挫折を経験しているという状況から生まれた概念なんです。だからこそ、自分の生き方を変えなければならないという感覚になっているのです。ちょうど対象者が２００８年頃のリーマンショックの影響を受けている人も多く、解雇された経験がある人もいました。

北野――なるほど、内容を把握できました、ありがとうございます。

2　２０１６年論文と８人のプロセスの違い

石山――引き続き片岡さんにお聞きしたいのですが、この２０１６年論文と本書の８人のプロセスを比較した時に、どんな共通点があり、どんな相違点があると感じましたか。

片岡――共通点は多くあります。社会や他者の評価への囚われは、かなりあったように思います。ありたい自分と実際の自分の乖離というのも、ありました。精神的な不調も、全員ではないですが、感じていた人がいました。かなり共通項がありますね。

石山――相違点はどうでしょうか。

片岡――8人のプロセスの場合は、行動が意識的であるように思います。自己の棚卸などは、8人は何かから抜け出すために意識的にやっている印象です。しかし2016年論文の場合は、自分たちの置かれた状況が当たり前で、そこから抜け出そうという意識が見えにくいのです。

調査対象者の方々が経験した当時の社会状況だと、女性が30代ぐらいで子どもができたら仕事を辞めるというのは、わりと自然なことだったと思います。ある意味では、社会に認められているキャリアブレイクなんですね。

石山――なるほど。当時の社会状況では、専業主婦は、無限定総合職である男性と一対の存在であるわけですが、だからこそ自分を当たり前の存在と認識してしまうわけですね。

片岡――そうですね。結婚とか出産で仕事を辞めている女性に関しては、ある意味それは社会で認められている休みだったのではないかと思います。ただ実際に休んでみると、社会から取り残されていると感じる。しかも働いていた頃の自分を知っているからこそ、休んでみると、こんなに自分の居場所がなくなってしまうのかと気づき、自信がなくなっていくのではないかと思いました。

また、私の調査の対象者の女性は短大卒以上の人も多く、中には夫よりも学歴が高い人がいました。結婚や出産で仕事を辞めるのは仕方がない、あるいはやむを得ないと思っている人も、再就職後の収入が夫と比べかなり低いということに複雑な気持ちを抱いているようでした。

子どもを育てている間はそこに集中し、それに一段落がつくと、その後は教育費のために働かなきゃいけないと感じたり、ひとりの人間として活動したいと感じたりする。ところが離職してから10年ぐらい経っているケースも多いので、会社員時代のスキルでは対応できないということを思い知らされるのです。そのため、自己効力感が低下し、社会に出るのは難しい、と思っている人が多いように感じました。

3 「ありたい自分」とは何か

石山——北野さんどうですか。片岡さんの説明を聞いて、ご感想はありますか。

北野——まず、僕らの世代では女性なら専業主婦が当たり前とは感じていません。まして、正解とも思っていません。女性のキャリアには、正解というものがない時代になっていると思います。

石山——なるほど。

北野——また、キャリアブレイク研究所の経験と、8人の共通プロセスは、僕としては共通点がもう多すぎて、全体的に似てるなという感じです。それに対して、2016年論文のプロセスでは、パソコンの講師になりたいなどのゆるやかなゴールがあるところが相違点だと思います。
キャリアブレイク研究所の経験でいえば、キャリアブレイクのゴールは、職種ではなくて、ありたい自分なんですね。だから具体的なゴールがなく、その時のキャリアから離れることを決断してる人が多い。

石山――そうですね。8人のインタビューをしてみて、ありたい自分と実際の自分に乖離があり、それがだんだんとありたい自分に近づいていったというプロセスがあったことが初めて理解できました。

片岡――「ありたい自分」は大切なキーワードのような気がします。それでいうと、「ありたい自分」とはどういうことを言っているのでしょうか。言わんとしていてることはわかってるつもりですが、実は曖昧なところもある。結局、最終的になりたい自分になれたということが、ありたい自分なのでしょうか。

石山――そうですね、それでいうと、8人の中には強烈にそれがあったことを感じました。ただ、ありたい自分に最終的に到達したわけではないようです。キャリアブレイクや人生も、ありたい自分を探す旅のようなもの。ただ、みなさん、キャリアブレイクを経験したことにより、以前よりも自然体で自分らしさを楽しめていたように感じました。

片岡――つまり自然体で自分らしさを楽しめているということが、ありたい自分ということでいいのでしょうか。

石山——そう問われてみると、結構、難しいですね。ありたい自分は確かに存在していると、みなさん感じています。そして、ありたい自分とは何だろうとも考えている。だけど、それに達したわけじゃない。総合職じゃなきゃいけないとか、親のためにこうしなきゃいけないとか、そういう囚われはちょっと外れてきている。より自分らしさを自然体で感じられるようになってきている。そんな感じですね。

片岡——ありたい自分というものが、単純に、より自分らしさを楽しんでいる自分と言い換えられないのであれば、それが何を意味しているのか、大事なことなので、もっと理解してみたいです。

石山——北野さんはどう思いますか。

北野——いや、難しいなと思って聞いてました。ありたい自分については、人それぞれというところがあります。金銭的に自由になりたいという人もいるし、好きなことは仕事にしなくてもいいけど、嫌なことだけはしたくないという人もいます。年齢とか自分の置かれた状況によって、ありたい自分は違うようです。ただみなさん、ありたい自分はわからないけど、今とは違うということはわかってる。第6章の**図6-1**の共通プロセスを見て思いました。

石山——たしかにそういうイメージですが、ありたい自分とは、100人いたら100通りということになってしまうのかもしれませんね。

北野――ありたい自分とは明確に定義できるものではなく、人それぞれかもしれません。ただ、ありたい自分とは好きなことを仕事にすることだけだ、と誤解している人もいます。メディアなどの影響で、好きなことを仕事にしなければならない、という呪いにかかっている人も結構います。でも、そういうことじゃないんですよね。社会の評価や退職金という囚われから解放されて、自分自身で蓋をしてしまった直感や感性が目覚めてくるということだと思うのです。

石山――なるほど。ありたい自分については、ある程度定義しておかないと、自分にとっての天職を見つけることだけだと誤解される可能性がありますね。こんなことをしていると楽しいと自分が感じられる状態であり、それに近づいてる状態そのものにも意義があるということですから。

片岡――はい、私も何かを達成してしまうと、むしろぽっかりと穴が開いてる状態になってしまう実感があります。自分は、まさしく、何かに近づいてるときに一番エネルギーが出ていたような気がします。

北野――片岡さんの言う「小さな主体的な行動」というのは、幅広くありたい自分を探すプロセスなのかもしれませんね。

4 キャリアブレイク研究所から見た8人のプロセス

① 囚われと日本的雇用

石山――北野さんは8人の共通プロセスについて、どのような感想をお持ちですか。

北野――今までの話のとおり、ありたい自分と実際の自分の乖離については、そういうことがあると僕も強く思っていました。ただ、その前に「コード番号1　社会や他者の評価への囚われ」、「コード番号2　日本的雇用の特徴による自己の規定」という理由がある、ということは感じていませんでした。社会構造に起因する部分については、体系的に理解していなかったので、なるほどと思いました。

石山――社会構造に起因する部分は、自分の研究関心と重なるところです。実際にインタビューをしてみて、総合職だったらどんな職種を担当してもモチベーションが高くなければいけないと思い込んだり、大企業への就職という社会の評価を気にしたり、親からの評価を気にしたり、という影響は今の若い世代にもあると感じました。

北野――今までこういう影響は感じていなかったので、こういう原因があるとわかれば、それをみんなに伝えて対策するとか、打ち手が見えてきますね。

②　隔絶された休養とソーシャルサポート

北野――面白いなと思ったのは、その後の流れで、いずれにせよ「コード番号5　隔絶された休養」に至るということです。「隔絶された」という表現、好きでした。土日ちょっと休養するということではなく、ある程度隔絶された休養でなければ、次のステップに進めないのではないかと思います。1週間程度の休職の人もいますが、それだと次のステップに進めるかどうかという点で、ちょっとピンとこない。なので、「隔絶された」というのは上手い表現だと思いました。

石山――北野さんは、以前から隔絶された休養のことを四十九日と表現していましたね。何かを手放すのには、四十九日はかかる。実際にインタビューしてみると、隔絶された休養の期間が、ちょうどみんな本当に1カ月半ぐらいなので、驚きました。

北野――隔絶された休養の際に、近くで見守ってくれる存在ですが、近親者も多いですが、サードプレイスなど、家族以外の存在も多いですよね。シェアハウスの仲間、近くのカフェとか美容室の人、というパターンもキャリアブレイク研究所では見聞きします。

片岡――たとえば身近な人には言えないけど、あんまり知らない人の方が気楽に話せるいうこともありますね。なので、近親者がほどよいソーシャルサポートをするだけでなく、おかゆホテルのようなサードプレイスが果たす役割も大きい気がします。

5　今後の展望

石山――次に、今後の展望について話し合いたいと思います。片岡さんは、キャリアブレイクがもっと認知されていくためには、どんなことが必要だったりとか、どんなことが課題だったりとか、何かご意見はありますか。

片岡――キャリアブレイクは、もっと自然なものとして受け取られると良いな、と思います。というのは、今までの先行研究で離職のような話をすると、どうしてもネガティブなことと見なされていたわけです。ネガティブ、ポジティブに限らず、キャリアの選択肢の1つとして認知が広がればと思います。

一方でキャリアブレイクは若い人のカルチャーでしょう、というような受け止めにならなければいいなと思っています。世代に関係なく個人として必要な時もあるのではないか、と思えるといいのではないでしょうか。

石山――先行研究だと、そもそも離職とはネガティブなものというところから出発してしまっているという問題ですね。

片岡――はい。世代に限らず、あらゆる人にキャリアブレイクの可能性が伝わればと思います。

北野さんたちがやっているように、キャリアブレイクを文化にするという取り組みが、若いからそういう柔軟な考え方が許されるというように思われない形になるといいのかなとは思います。

石山——たしかに、キャリアブレイクを世代論で捉え、それで分断が起きたら、もったいないですね。北野さんは、今の片岡さんの話を受けてどう思いますか。

北野——僕も世代論に関しては、思うところがあります。性教育は大事で、避妊に関しての知識は重要ですよね。それと同じくらい、ありたい自分と実際の自分が乖離することが起こるよ、という知識を若い世代が獲得するのは、重要なことだと思います。ありたい自分と実際の自分が乖離するというのは、人生生きてたら100回ぐらいあると思うんですよ。普通のことです。

そういう時にはこういう対処がありますとか、こういうカルチャーがありますとか、そういう人たちはこういうキャリアを歩んでいましたとか、そんな教育が重要ではないでしょうか。

石山——北野さんがおっしゃっていることは、まさにキャリア教育の本質ですね。ありたい自分と今の自分が乖離した時に、どうするか。それを話し合うことこそ、キャリア教育の本質かもしれません。しかし、やりたいことだけを過度に重視したり、逆に正社員の安定だけを良いものとして強調したりするというキャリア教育が、いまだに無いとは言えません。

北野——ありがとうございます。同時にそういう教育を受けてない、猛烈に働いてきた上の世代は、柔軟に生きることに対して、まだ抵抗感があるようにも感じます。自分たちは我慢して働いて、この国をつくってきたわけですから、柔軟に休むことなどは許せないわけです。僕はゆとり教育が始まって2世代目で、結構ハザマの世代ですので、上の世代と下の世代の両方の気持ちがわかります。猛烈に働くべき、という教育の分岐点の世代だったのです、僕自身は。

石山——なるほど、そうなんですね。

北野——ただ上の世代に対して、俺たちは自由に生きるんだ、ということを言いたいわけでもありません。キャリアブレイクの文化が敵をつくるんじゃなくて、共生文化というか、共に生きることを目指したいのです。

30代のキャリアブレイクを認めることで、その人たちが、すごくやる気に満ちて会社に戻ってくるかもしれない。そうしたら会社も成長するかもしれない。それによって上の世代の仕事も助かるかもしれない。敵対ではなく、共生文化として、上の世代にも応援してほしいのです。

石山——上の世代の話なんですけども、北野さんからすると、自分はまさに上の世代のど真ん中です。その立場からすると、上の世代は応援するだけでなく当事者であって、もし休みを取ることは甘えで、キャリアブレイクをスティグマと捉えているとしたら、その考えは自分自身のために変えた方がいいと思います。その考え方が、自分を押し殺していることに気がつくべきでしょう。

北野——なるほど。

石山——自分が無限定総合職・標準労働者でマジョリティだと思っていて、ところが役職定年・定年再雇用を経験して、会社から見捨てられたと思うかもしれない。その時に初めて自分の枠組みだけが正しいわけじゃなかったと気がつく。そこに葛藤もあるわけですから、各世代が一緒にお互いの考え方を認めて、キャリアブレイクというものを考えていくことがいいと思います。

片岡——上の世代の人たちの中でも1つの会社を勤めあげた方が定年退職して、そこで初めてキャリアブレイク的なことを過ごすことになるわけですよね。そして、びっくりしてしまう。

石山——そうですね、あらゆる人間というのは、もともとマイノリティとしての側面があるのに、自分は無限定総合職・標準労働者だと思っている時は、その認識がすっぽり抜け落ちているのではないでしょうか。

片岡——今は定年への関心は高まっていますし、上の世代の人にとっても、キャリアを考えることは身近な話ですよね。

北野——石山さんのお話もわかるのですが、僕の立場として、上の世代の方々に、それをストレートに言うことは、難しいことですね。

片岡——そうですね、北野さんのお気持ちはよくわかります。私は3人の中では真ん中の世代ということになりますが、やはり上の世代が今までの社会をつくってきて、それに異議申し立てするのは、なかなか難しいと感じています。私は非正規の働き方も数多く経験しているので、無限定総合職・標準労働者がマジョリティだとすると常にマイノリティだったという感覚があります。女性特有の不安定さや、会社のマジョリティの立場の人に逆らえないという気持ちは実感として理解できます。私はそうした立場の研究に興味関心を持っています。お二人の話を聞いていて、私の立場からの発言も必要だと思いました。

石山——今日は非常に重要な対話ができたと思います。ありがとうございました。日本では世代論が盛んで、○○世代はこういう世代と、面白おかしくメディアが伝える傾向もあります。しかし、それだと世代の分断も促してしまう。

今日は話してみて、3人の違いがよくわかりました。同時に、キャリアブレイクについて同じ思いも共有しています。3人に違いがあるからいいので、この違いを活かしながら、引き続きキャリアブレイクについて考えていきたいですね。

おわりに

石山恒貴◆ISHIYAMA Nobutaka

２０１４年にキャリアブレイクという言葉に出会ってから、10年という月日が過ぎようとしています。当時の日本では、誰の口にのぼることもない言葉だったと思います。それが今や、共著者の北野のキャリアブレイク研究所の取り組みの成果もあり、この言葉をメディアでも頻繁に見かけるようになりました。キャリアブレイクという言葉を受け入れている人が多いのだとしたら、それはおそらく日本社会で自然にその言葉の価値に共感する人が増えてきているからではないでしょうか。

本文の繰り返しになりますが、私たちはキャリアブレイクという文化で誰かと敵対したいわけでもなければ、無理やり推奨したいわけでもありません。まず私たち自身が、キャリアブレイクについて考えたり、その現象を観察してみたりということを面白く感じています。だからこそ、キャリアブレイクを面白いと感じる人たちがいたら、その人たちの感性が文化だと認められ、スティグマだと決めつけられない社会になってほしいと考えています。本書をきっかけにキャリアブレイクに関心を持つ方々がいれば、私たちはそうした方々と協働して、文化づくりの新しい取り組みを推進していければと願っております。

本書は多くの方々のご支援によって成立しました。まずはキャリアブレイクという言葉を面白く感じていただき、企画段階から出版まで粘り強く支援してくださった千倉書房編集部の岩澤孝さん。キャリアブレイク研究所理事のハルさんとまっくすさん。ハルさんは、第5章のインタビューの場所として、あかり図書室を提供してくださいました。そしてインタビューに応じていただいた、小黒恵太朗さん、大下真実さん、田尾丹里さん、三分一直瑠さん、高橋遥さん、小堀弘樹さん、小澤あゆみさん、小杉美琴さん（仮名）。東京と大阪のインタビューの両方につきあってくださった澤木香織さん。著者3名をつなげるブログを書いてくださった松井美佳さん。そして、キャリアブレイクを面白いと感じるすべての方々。本書はみなさまのご支援なくしては成立しませんでした。心より感謝申し上げます。

2024年5月

著者を代表して　石山恒貴

参考文献

Baltes, P. B. & Baltes, M. M.（1990）. Psychological perspectives on successful aging: the model of selective optimization with compensation. Baltes, P. B. and Baltes, M. M.（Eds.）, *Successful Aging: Perspectives From the Behavioral Sciences,* Cambridge University Press, 1-34.

Bandura, A.（1977）. *Social learning theory.* Prentice-Hall.（原野広太郎監訳『社会的学習理論：人間理解と教育の基礎』金子書房、１９７９年）

Bandura, A.（1986）. *Social foundations of thought and action: A social cognitive theory.* Prentice Hall.

Bandura, A.（1997）. *Self-Efficacy: The Exercise of Control.* W. H. Freeman and Company.

Berdahl, J. L., Glick, P., Cooper, M.（2018）. How Masculinity Contests Undermine Organizations, and What to Do About It. *Harvard Business Review,* November 2, 2018.（「『男性性を競う文化』が組織に機能不全を招く」『ハーバード・ビジネス・レビュー』、２０１８年12月14日）

Brammer, M, L.（1991）. *How to cope with life transitions: the challenge of personal change.* Pub. Corp.（楡木満生・森田明子訳『人生のターニングポイント：転機をいかに乗りこえるか』ブレーン出版、１９９４年）

Bridges, W.（1980）. *Transition,* Addison-Wesley.（倉光修・小林哲郎訳『トランジション：人生の転機』創元社、１９９４年）

Cohen, F, C., & Vivian, S, R.（2008）. *Back on the Career Track: A Guide for Stay-at-Home Moms Who Want to Return to Work.* [Kindle DX version]. Retrieved from Amazon. com.

Gordon, A.（2020）. *The evolution of labor relations in Japan: Heavy industry, 1853-1955.* Harvard University Asia Center.（二村一夫訳『日本労使関係史１８５３－２０１０』岩波書店、２０１２年）

Eden, D., & Aviram, A.（1993）. Self-efficacy training to speed reemployment: Helping people to help themselves. *Journal of Applied Psychology, 78*（3）, 352-360.

Goffman E.（1986）. *Stigma: Notes on the management of a spoiled identity.* Englewood Cliffs.（石黒毅訳『スティグマの社会学：烙印を押されたアイデンティティ』せりか書房、２００１年）

Hackett, G., Betz, N. E., O'Halloran, M. S., & Romac, D. S.（1990）. Effects verbal and mathematics task performance on task and career self-efficacy and interest. Journal of Counseling Psychology, 37（2）, 169-177.

Handy, C. B.（1995）. *The Age of Paradox.* Harvard Business Press.（小林薫訳『パラドックスの時代』ジャパンタイムズ、１９９５年）

Hansen, L. S.（1996）. *Integrative life planning: Critical tasks for career development and changing life patterns.* Jossey-Bass.
Hill, N. C.（1984）. *How to Increase Employee Competence.* McGraw-Hill.
Hobfoll, S. E.（1989）. Conservation of resources: A new attempt at conceptualizing stress. *American Psychologist, 44*（3）, 513-524.
Hofstede, G.（1991）. *Cultures and Organizations: Software of the mind.* McGrawHill.（岩井紀子・岩井八郎訳『多文化世界：違いを学び共存への道を探る』有斐閣、１９９５年）
House, J, S.（1981）. *Work stress and social support.* Addison Wesley Pub.
Jung, C. G.（1933）. The Stage of life. The Collected Works of C. G. Jung. *Princeton University Press, 8.* 387-403.
Kang, B., & Miller, T.（1999）. *An overview of sabbatical leave in higher education: A synopsis of the literature base.*（*ERIC Document Reproduction Service No. ED430471*）. University of Alabama, Higher Education Administration and Leadership Program.
Keller, J.（2023）. *Quitting: A Life Strategy.* Balance.（児島修訳『QUITTINGやめる力：最良の人生戦略』日本経済新聞出版、２０２３年）
Li, L.（2022）. Reskilling and upskilling the future-ready workforce for industry 4. 0 and beyond. *Information Systems Frontiers,* 1-16, 10.
Oldenburg, R.（1989）. *The great good place.* Marlowe & Company.（忠平美幸訳『サードプレイス』みすず書房、２０１３年）
Sandberg, S.（2015）. *Lean in-women, work and the will to lead.* Knopf.（村井章子訳『LEAN IN：女性、仕事、リーダーへの意欲』日本経済新聞出版、２０１３年）
Sato, K.（2022）. Who is happier in Japan, a housewife or working wife?. *Journal of Happiness Studies, 23*（2）, 509-533.
Stolzoff, S.（2023）. *The Good Enough Job: Reclaiming Life from Work.* Portfolio.（大熊希美訳『静かな働き方：「ほどよい」仕事でじぶん時間を取り戻す』日本経済新聞出版、２０２３年）
Super, D. E.（1980）. A life-span, life-space approach to career development. *Journal of vocational behavior, 16*（3）, 282-298.
Zenger, M., Berth, H., Brähler, E. & Stöbel-Richter, Y,（2013）. Health Complaints and Unemployment: The Role of Self-Efficacy in A Prospective Cohort Study. *Journal of Social and Clinical Psychology, 32*（1）, 97-115.

赤崎美砂（２０１５）「ギャップイヤーの意義：実践者が認識するギャップイヤー経験」『国際経営・文化研究』*20*(1)、１５５－１６７頁。

石山恒貴（２０２３）『定年前と定年後の働き方：サードエイジを生きる思考』光文社。

石山恒貴・伊達洋駆（２０２２）『越境学習入門：組織を強くする冒険人材の育て方』日本能率協会マネジメントセンター。

梅崎修・南雲智映・島西智輝（２０２３）『日本的雇用システムをつくる１９４５～１９９５』東京大学出版会。

江本リナ（２０００）「自己効力感の概念分析」『日本看護科学会誌』*20*(2)、39－45頁。

大阪府商工労働部（大阪産業経済リサーチセンター）（２０１５）「若年女性の就業意識等に関する調査結果報告書：女性が輝く社会の実現に向けて」大阪大学監修・執筆『大阪府 資料』、*１４７*。

大久保孝治（１９８９）「生活史における転機の研究：『私の転機』（朝日新聞連載）を素材として」『社会学年誌』*30*、１５５－１７１頁。

奥田訓子・森和代・代島奈穂子・石川利江（２０１８）「女性のための就労支援プログラムの開発と効果評価について：保健・福祉・保育分野への再就職・転職を目指す女性を対象として」『*Journal of Health Psychology Research*』*30*（Special Issue）、１２３－１３１頁。

小熊英二（２０１９）『日本社会のしくみ：雇用・教育・福祉の歴史社会学』講談社。

大沢真理（１９９３）『企業中心社会を超えて』時事通信社。

片岡亜紀子・石山恒貴（２０１６）「キャリアブレイクを経験した女性の変容：パソコンインストラクターを対象とした実証研究」『産業カウンセリング研究』*18*(1)、９－24頁。

片岡亜紀子・石山恒貴（２０１７）「地域コミュニティにおけるサードプレイスの役割と効果」『地域イノベーション』*9*、73－86頁。

片岡亜紀子（２０２１）「女性の離職期間における自己効力感向上のプロセス：転機の解釈と地域のサードプレイスがはたす役割」法政大学大学院政策創造研究科（政策創造専攻）博士後期課程（学位論文）。

鬼頭愛子（２０１６）「若年者における失業体験が精神的健康に及ぼす影響」北海道大学医学研究科（医学専攻）博士後期課程（学位論文）。

北野貴大（２０２４）『仕事のモヤモヤに効くキャリアブレイクという選択肢』ＫＡＤＯＫＡＷＡ。

熊沢誠（１９８９）『日本的経営の明暗』筑摩書房。

小西一禎（２０２４）『妻に稼がれる夫のジレンマ：共働き夫婦の性別役割意識をめぐって』筑摩書房。

小林重人・山田広明（２０１４）「マイプレイス志向と交流志向が共存するサードプレイス形成モデルの研究：石川県能美市の非常設型「ひょっこりカフェ」を事例として」『地域活性研究』*5*、３－12頁。

児美川孝一郎（２０２３）『キャリア教育がわかる：実践をデザインするための〈基礎・基本〉』誠信書房。

佐々木英和（２０２０）「政策としての「リカレント教育」の意義と課題：「教育を受け直す権利」を足がかりとした制度設計にむけて」『日本労働研究雑誌』*721*、26－40頁。

佐藤博樹・松浦民恵・高見具広（２０２０）『働き方改革の基本』中央経済社。

周燕飛（２０１９）『貧困専業主婦』新潮社。

杉岡秀紀（２０１５）「わが国におけるギャップイヤーの導入事例：インターンシップの課題克服の視座を中心として」『京都府

立大学学術報告 公共政策』7、159－175頁。

杉浦健（2004）『転機の心理学』ナカニシヤ出版。

鈴木知準（1964）「森田療法における転機」望月衛編『転機：人生の岐路』誠信書房。

砂田薫（2013）「ギャップイヤーの定義」『ギャップイヤー白書2013』。

高橋美保（2010）『中高年の失業体験と心理的援助：失業者を社会につなぐために』ミネルヴァ書房。

高橋美保（2019）「職を失うことによる労働者の非金銭的喪失」『日本労働研究雑誌』61(10)、48－57頁。

田上皓大（2023）「就業中断女性の女性活躍への道筋：中高年期の女性の自律的・主体的な能力開発意欲に注目して」『日本労働研究雑誌』65(11)、88－101頁。

田中茉莉子（2017）「リカレント教育を通じた人的資本の蓄積」『経済分析』196、49－81頁。

中央教育審議会（2011）「今後の学校におけるキャリア教育・職業教育の在り方について（答申）」。

中島智子（2015）「若年者の離職に関する一考察：自己効力感研究の視点から」『商大ビジネスレビュー』5(1)、41－70頁。

日本生産性本部編（2022）『実録生産性論争』中央公論事業出版。

羽田野慶子（2007）「女性のキャリア形成に関する調査研究」『国立女性教育会館研究ジャーナル』11、103－112頁。

馬場洋介・庄田直美・嶋田陽介・新田泰生（2013）「再就職支援会社で支援を受けている精神疾患を抱えた中高年男性失業者の失業体験」『心理相談研究：神奈川大学心理相談センター紀要』4、109－126頁。

濱口桂一郎（2009）『新しい労働社会：雇用システムの再構築へ』岩波書店。

林伸二（2012a）「私は何ができるのだろうか：自己効力（感）の生成と意義(1)」『青山経営論集』47(2)、107－133頁。

林伸二（2012b）「私は何ができるのだろうか：自己効力（感）の生成と意義(2)」『青山経営論集』47(3)、107－136頁。

平野光俊・江夏幾多郎（2018）『人事管理』有斐閣。

廣川進（2006）『失業のキャリアカウンセリング：再就職支援の現場から』金剛出版。

福沢恵子（2009）「就業を中断した高学歴女性の現状とキャリア開発の課題」『現代女性とキャリア』1、92－108頁。

前田信彦（2005）「欧州における長期休暇制度」『日本労働研究雑誌』540、47－54頁。

松岡亮二（2019）『教育格差：階層・地域・学歴』筑摩書房。

矢口悦子（2004）「生涯学習体験と女性のキャリア形成」『女性のキャリア形成支援に関する調査研究報告書』、9－16頁。

リクルートワークス（2023）『Works Report2023 なぜ転職したいのに転職しないのか：転職の都市伝説を検証する』。

ワ

事項索引

石山恒貴（いしやま・のぶたか）◆第1章・2章・5章・6章（共著）執筆

法政大学大学院政策創造研究科教授
博士（政策学）。NEC、GE、米国系ライフサイエンス会社を経て、現職。

日本キャリアデザイン学会副会長、人材育成学会常任理事、Asia Pacific Business Review（Taylor & Francis）Regional Editor 等。

専門は組織行動論・人的資源管理が研究領域。

主な著書に『定年前と定年後の働き方：サードエイジを生きる思考』（光文社新書）、『越境学習入門：組織を強くする冒険人材の育て方』（共著、日本能率協会マネジメントセンター）、『日本企業のタレントマネジメント：適者開発日本型人事管理への変革』（中央経済社）等がある。

片岡亜紀子（かたおか・あきこ）◆第3章・6章（共著）執筆

早稲田大学グローバルエデュケーションセンター講師、法政大学大学院政策創造研究科兼任講師
法政大学大学院政策創造研究科博士後期課程修了、博士（政策学）。NEC、教育事業会社等を経て現職。
専門はキャリア形成、リーダーシップ開発、地域のサードプレイス。
主な著書に『地域とゆるくつながろう！：サードプレイスと関係人口の時代』（共著、静岡新聞社）、『LIFE CAREER（ライフ・キャリア）：人生100年時代の私らしい働き方』（共著、金子書房）がある。

北野貴大（きたの・たかひろ）◆第4章・6章（共著）執筆

一般社団法人キャリアブレイク研究所代表、大阪公立大学大学院経営学研究科附属イノベーティブシティ大阪ラボ特別研究員
新卒でJR西日本グループに入社し商業不動産の開発に従事。妻がキャリアブレイクを通じて、よい転機をつくったことに興味を持ち、JRを退職しキャリアブレイク研究所を設立。著書に「仕事のモヤモヤに効くキャリアブレイクという選択肢：次決めずに辞めてもうまくいく人生戦略」（KADOKAWA）がある。

キャリアブレイク
――手放すことは空白（ブランク）ではない

二〇二四年九月三〇日　初版第一刷発行
二〇二五年二月一日　初版第二刷発行

著者　石山恒貴・片岡亜紀子・北野貴大

発行者　千倉成示
発行所　株式会社 千倉書房
〒一〇四－〇〇三一　東京都中央区京橋三－七－一
電話　〇三－三五二八－六九〇一（代表）
https://www.chikura.co.jp/

造本装丁　米谷豪

印刷・製本　精文堂印刷株式会社

ISBN 978-4-8051-1325-7 C3034